读书与书籍

〔德〕叔本华/著
刘崎 陈晓南 刘丽丽/译

四川人民出版社

图书在版编目（CIP）数据

读书与书籍 /（德）叔本华著；刘崎，陈晓南，刘丽丽译. --成都：四川人民出版社，2019.4（2022.5重印）
ISBN 978-7-220-11290-4

Ⅰ.①读… Ⅱ.①叔… ②刘… ③陈… ④刘… Ⅲ.①叔本华（Schopenhauer, Arthur 1788-1860）—哲学思想—文集 Ⅳ.①B516.41-53

中国版本图书馆CIP数据核字(2019)第037063号

DUSHU YU SHUJI
读书与书籍

[德]叔本华 著 刘崎 陈晓南 刘丽丽 译

责任编辑	杨 立 邵显瞳
装帧设计	主语设计
责任印制	王 俊
出版发行	四川人民出版社（成都市槐树街2号）
网 址	http://www.scpph.com
E-mail	scrmcbs@sina.com
新浪微博	@四川人民出版社
微信公众号	四川人民出版社
发行部业务电话	（028）86259624 86259453
防盗版举报电话	（028）86259624
照 排	新视点
印 刷	天津旭丰源印刷有限公司
成品尺寸	160mm×230mm
印 张	13
字 数	110千
版 次	2019年4月第1版
印 次	2022年5月第3次印刷
书 号	ISBN 978-7-220-11290-4
定 价	45.00元

■版权所有·侵权必究

本书若出现印装质量问题，请与我社发行部联系调换
电话：（028）86259453

目　录

叔本华的生平及哲学　001

论存在的空虚　019
  一　存在是空虚的　021
  二　存在是短暂的　021
  三　存在是变化的　023
  四　存在没有价值　024
  五　生命是幻灭的过程　025

论生命意志的肯定与否定　027
  一　生命意志的否定　029
  二　希腊罗马泛神论精神和基督教精神　030
  三　叔本华伦理学与其他伦理学的关系　031
  四　罪恶的存在　032
  五　生育活动与生命意志　033
  六　犯罪与生命意志　034
  七　世界精神与人的对话　035

论不朽的根本存在 037

    一　错误观念　039

    二　对于死后持续存在问题的回答　040

    三　关于持续存在　041

    四　万物脆弱而生命永恒　042

    五　死亡不是存在的终结　043

    六　生命的轮回　047

    七　关于死亡和存在的对话　049

论本体与现象的对立 055

    一　物自体　057

    二　物理学和形而上学　057

    三　物理学的人和形而上学的人　058

    四　不能被了解的自然　059

    五　知识与意志　060

读书与书籍 065

    一　穷人与富人　067

    二　读而不思则殆　067

    三　天赋与读书　069

    四　保存过去　069

五　书的短暂生命　070

　　六　不滥读书　070

　　七　流动的与持久的　072

　　八　书中有无穷之乐　074

　　九　文学史　075

性爱的形而上学　079

论女人　131

宗教对话及其他　151

　　一　信仰与知识　153

　　二　启示　154

　　三　论基督教　155

　　四　《旧约》和《新约》　165

　　五　关于宗教的对话　168

叔本华年谱　195

叔本华的生平及哲学

叔本华的生平及哲学

想一个自己从未深入思考过的问题是危险的,我们读书是别人替我们思考,我们不过是在重复作者的精神过程而已。所以一个人如果整日读书,他将逐渐失去思考能力。

——叔本华

叔本华(1788—1860)在世时,他的哲学整整沉寂了三十多年,但之后,他就像一个从一场长期而艰苦的战争中凯旋的英雄,一下子名噪全欧、誉满天下了。前去拜访他的各国人士络绎不绝,全国的报纸杂志也在不断登载他的名字。还有他的信徒们,三番五次替他做肖像画、做雕塑,将他当神一样供奉在屋中顶礼膜拜,说来令人难以置信,竟然有两位太太也曾去造访。最后,我们这位素来极忧郁、极悲观的哲学家,"乐观"地躺在沙发上溘然长逝了。

近代,很多思想家、文学家、艺术家,如尼采、克尔恺郭尔、瓦格纳、托马斯·曼等,无不直接或间接地受叔本华哲学的影响,其中尤以尼采所受的影响最大。这位狂傲不羁的存在主义先驱在回

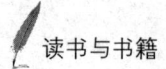
读书与书籍

忆购买叔本华的代表作《作为意志和表象的世界》的情景时，这样写道：

    一个不知名的幽灵悄然对我说：赶快把这本书带回去！我一回到家就把我的宝贝翻开，然后我就屈服在他那强力、崇高的天才的魔力之下了。

他花了十四天的工夫，几乎是废寝忘食地沉浸在那本书中。他又说：

    我像热爱叔本华的所有读者一样，刚读第一页，便恨不得一口气把全书读完。而且，我感觉到，我是很热心地、专注地倾听他吐出的每一个词每一句话。

叔本华的哲学为何有如此深远的影响，有如此魅力？当然，这首先得归功于他独树一帜的"意志哲学"，此外，他超群的语言才华也功不可没。华莱士在《叔本华的一生》中这样写道：

    当读者翻开《作为意志和表象的世界》这本书的瞬间，最先获得的印象就是他那独特的语言。这里面没有像谜团一般的康德式术语，没有黑格尔诡异的辩证法，没有斯宾诺莎的几何学：一切都既清楚而又有次序，全部美妙地集中于对主要概念——意志世界、斗争、痛苦——的论述上。

这是何等直率坦诚！何等生动有力！何等坚强刚直！他的前辈们，曾以种种理论对那不可见的意志做出抽象的解释，但这些理论却很少能清楚明白地揭示世界的真相。而叔本华，一个商人的儿子，在对这一问题的叙述、举例和推论方面都很详明，甚至还富有幽默感。

叔本华1788年2月22日诞生于波兰格但斯克，他父亲名叫海因里希·弗罗里斯，母亲名叫约翰娜·亨利德。两人在1785年结婚，当时海因里希38岁，约翰娜19岁。

叔本华的先祖原是荷兰人，在他的曾祖父时代才移居格但斯克。他们一家素来就是有钱有势的地方望族，俄皇彼得大帝和皇后凯瑟琳到格但斯克游览的时候，他的家就是俄国皇室的专用招待所。家业传到他祖父手中，他祖父把事业扩展，又置了许多产业，家族声势更加浩大。

他的父亲海因里希个性刚愎而且暴躁，据说他的相貌丑陋，身

读书与书籍

体矮胖，宽阔的脸上嵌着一双突出的眼睛，鼻子粗短朝天，嘴巴又宽又大，并且从小耳朵就不太灵光。不过他天资甚高，长袖善舞，具有商业头脑，并且早年曾旅居英、法多年，英、法文学知识相当丰富，对法国启蒙思想家、哲学家伏尔泰尤为偏爱。他在政治上主张自由民主的共和政体，爱好自由，尊崇独立。他很欣赏英国的政治和家庭制度，因此家庭布置及家具等都是仿照英国的风格。叔本华之所以对英国独具好感，大概就是因为他在幼年时期耳濡目染，受到父亲潜移默化的影响，但叔本华一生对自己的祖国——德国，却抱有轻蔑的偏见。他比较尊重外国的思想家，每天都读《泰晤士报》，但从来不看德国报纸，假如后来不是因为德国报纸会登载关于他的新闻，他也许永远不会过目。此外，海因里希还抱有世界主义的理想，他企图把叔本华教育成"世界公民"，甚至他之所以为叔本华取名"阿瑟"，就是因为此名可适用于欧洲各国。

叔本华的母亲约翰娜，旧姓叫特罗志内尔，是格但斯克市议员之女。她聪明美丽，富有文学才华，曾出版过不少小说和游记，是当时很有名气的女作家，外语也说得很流利。她和丈夫性情本来就不甚相合，所以经常借娱乐活动来减少摩擦，旅行更是他们的家常便饭，叔本华小时候就不时随着父母出游。叔本华说："性格（或意志）遗传自父亲，而智慧遗传自母亲。"这大概就是他自己的亲身体验。如果这句话可以成立的话，叔本华在先天上就已经被播下了"怪僻"和"天才"的种子。

1793年，格但斯克被普鲁士占领，失去了自由，并改称但泽。此事对一向以"自由、独立、共和"为理想的海因里希来说是无法忍受的，于是叔本华一家举家迁往汉堡，因为那里是自由市。

1797年，叔本华当时九岁，随父母游历。一家人途经法国，在巴黎近郊勒阿弗尔滞留一段时间，海因里希为了使孩子彻底学会法语，把他托付到一位商业上的朋友古列佛埃尔家中，然后夫妇俩回去汉堡。叔本华在此地总共住了两年，和古列佛埃尔的孩子安狄姆同受私塾教育。这一时期是叔本华一生中最愉快、最值得回忆的欢乐时光。

1799年，叔本华返回汉堡，进了学校，但他的教育完全是为了迎合将来从事商业的需要，是他父亲的刻意安排，因为他父亲一心想让他继承自己的衣钵。他在法国受教两年，法语异常娴熟，对自己祖国的语言反倒几乎完全忘却，因此他在家里又同时勤修德语。

他的父亲是商界名人，母亲和当时大半的文艺界人士都有往来，很多名人雅士经常到他家做客。也许是在两相比较之下，叔本华开始厌恶商业生活的庸俗和市侩，从此在心里埋下了学术的种子。

不知为什么，在这种十四五岁的小小年纪，学校的老师居然也能发现叔本华有哲学的天赋。从这事上我们不难了解，大概叔本华除了有惊人的才华外，个性上也必有某些特殊的地方，诸如孤独、缄默、沉思之类。说他是天生的"哲学坯子"，亦无不当。

叔本华曾向父亲要求转入普通中学，但一开口就遭到严词拒绝。后来，他父亲渐渐察觉叔本华的请求并不是小孩子一时天真的瞎想，才开始意识到事态的严重。不过他父亲并不是那么冥顽不灵，也不是存心要扼杀独子的兴趣，只是文人命薄的观念让他始终不愿意轻易放弃原有的计划。商海的经验阅历让他很懂得人的心理，他知道此时此刻采取高压手段是最愚不可及的事，于是他绞尽脑汁想出了两个方案，让叔本华任择其一：一是顺其本意走学术研究之途，进入高等学校就读；二是加入他们夫妇出游旅行的行列。

1803年春天，叔本华在双亲的陪同下，开始周游欧洲各国。三人经荷兰远渡英国，再转到法国、意大利、奥地利、瑞士等国，历时近两年才折回汉堡。不过即使在游历期间，他的父亲也命他进修英语、法语，母亲也嘱咐他写日记，对他的教育丝毫不曾放松。

1804年秋天，叔本华与父母回到但泽，在玛丽教堂接受了基督教的"坚信礼"。翌年年初，遵照父子间事先的约定，叔本华开始投身商业。他在他父亲某位挚友的店中实习，但他对这种工作始终提不起兴趣，经常偷闲看书或耽于沉思。晚年，他曾回忆说，他恐怕是最差劲的店员。

几个月后，叔本华的父亲忽然去世了，尸体在他家谷仓旁的运河上浮出水面。是不慎失足还是跳河自杀，原因无法证实，不过一般风评认为是后者。有人说，叔本华家从但泽迁居汉堡约损失了总财产的十分之一，在汉堡生意情况又远不如以前，他父亲是因不堪经济上的损失才自杀的，但这点理由似乎不够充分。不过，据说在死前几个月，他的精神好像就已经失常，经常忧形于色，性格愈加暴躁，稍不顺意立刻大怒，行为也愈加乖张怪异。附带说明一下，叔本华的祖母和一个叔父都曾罹患疯癫症。

孀居的约翰娜原本就不喜欢汉堡的商人社会，和叔本华的个性也格格不入，于是她在整理完亡夫的遗产后，即同其女阿德莱移居魏玛。当时的魏玛堪称文人荟萃之地，德国文学巨擘歌德以及席勒、威兰、格瑞蒙、迈尔等诗人才子均会集于此，一时传为美谈。

约翰娜携带为数不少的钱财搬到魏玛，之后不久即与这些文人雅士过从频繁，书信来往密切，过起了奢华放浪的生活。当时，叔本华仍信守与父亲的约定，独自留居汉堡继承父亲的遗志，不过他对商业生活的憎恶与厌烦却与日俱增。那段时间是他一生最暗淡悲惨的岁月，据说他当时情绪忧郁、处境恶劣，几乎到了绝望的地步。他曾数度致书其母,祈求她能同意让他辞去这个工作,所幸母亲也能谅解他的苦衷,终于应允下来。这个意外的好消息使叔本华感动得落泪,从此,他从囚徒般的生活中解脱出来,踏上了学术研究之途。这是他父亲死后的第三年,叔本华十九岁。

自此直到1813年完成博士论文《论充足理由律的四种根源》为止,这六年间,他都沉浸在一连串的学习研究中,这是叔本华之所以成为叔本华最重要的因素。我们这位"智力异常丰沛"的哲学家,此时充分表现出了他惊人的学习能力。

1807年7月,他到科塔补习古典语文,在短短的半年内就获得教授们众口称誉,他们一致认为他"将会成为出色的古典文学学者"。后来,他在公开场合公然讥评某位教授,此事传到这位教授耳中,教授气愤之余,利用私人关系唆使叔本华的老师停止给他补习,在这种情形下,叔本华不得不提前离开科塔前往魏玛。

在魏玛,叔本华并没有和母亲住在一起,而是另租房子。他在这里心无旁骛,又埋首书中两年,取得大学旁听学历,然后进入格丁根大学,后转到柏林大学。

通过六年的狂热学习,知识在他脑中融会贯通,叔本华成了当时学识最渊博的作家。语言、文学方面他最拿手,从他在作品中对古典语言文化的一再推崇,我们不难推断,他的希腊文、拉丁文应该造诣高深,而他的英语,简直会让英国人误以为他是老乡。他听课时有记笔记的习惯,课后整理时,还会一丝不苟地附注独具自己个性的批评和见解,从不人云亦云、盲从附和。如果教授和他的意见不相同,他会立即不客气地指出他们的问题。他的哲学系统就是这样逐渐树立起来的。

难怪叔本华曾经自豪地说:"这就是我能够有权威、很光荣地讨论一切的原因。人类的问题不能单独研究,而是一定要和世界联系起来研究——就像我这样,把小宇宙和大宇宙联合起来。"

这是一个奇异的哲学坯子。以叔本华家的财富,他原本可以像花花公子一样尽情享受,流连歌台舞榭,沉迷脂粉丛中,在他的商业生活中也尽是这样的机会,可他却偏偏选择学术研究;以叔本华横溢的才华,钻研任何学科都可崭露头角,光耀门楣,他却唯独爱上哲学,终生"无妻、无子、无家",得到"忧郁、多疑、孤独、暴躁、厌世、悲观、愤世嫉俗、仇视轻蔑女人、诽谤爱情"的名声。这一切的一切,岂非天意?

叔本华与众不同的性格,世所罕见。一般研究者都认为叔本华愤世嫉俗的怪僻性格和悲观的哲学,是由于他的著作未能为世人所了解和接受,在失望之余产生的变态心理。但是他特异的性格应该是来自天性,至少按照叔本华自己的解释应是如此。他说过"性格

读书与书籍

遗传自父亲"。叔本华的父亲个性暴躁、刚愎，他也如此；他的父亲崇尚自由独立，因普鲁士进袭格但斯克，不惜损失十分之一的财产也要迁居汉堡，叔本华一生也始终坚守他心目中的真理。

叔本华转到柏林大学，本来是受到费希特的感召，希望能从他那里汲取哲学的精华，但他失望了。叔本华素来就喜欢条理清晰、合乎逻辑的文章，所以对费希特神秘的巧辩和傲慢的态度大为反感。他虽然继续听讲，但只为仔细寻找到费希特的错处后与之争辩，他的笔记也充满了尖酸刻薄的批评。

就这样，叔本华感觉柏林大学不是他修取学位的地方，他的博士论文最终送到了耶拿大学进行评审。这篇名为《论充足理由律的四种根源》的论文讨论了世界事物的因果关系。在文中，叔本华认为，因果观念不是建立在一个单独的公理，或者一个简单、必然的真理上的，它的来源极其复杂，归纳起来，可分为四类：第一是"现象"，即感官的对象；第二是"理智"；第三是在时间、空间支配下的"存在"；第四是人类的"意志"。读者阅读此论文时不难察觉出，叔本华的全部哲学系统在此时就已经奠定下扎实的基础了。

这本书出版后，叔本华回到魏玛，并送给母亲这本著作，但他母亲不仅不感兴趣，反而讥诮他说他的书根本卖不出去。叔本华也不甘示弱地反唇相讥："在堆破烂儿的屋子里都不放一本你的著作的时候，我的著作还是会有人读。"他们两人针锋相对，愈吵愈烈，最后他母亲甚至气愤地把他推到楼梯下。许多年后，我们的哲学家尖刻地对他母亲说的，她只会因为有这个儿子而留名后世的那些话，果然都应验了。

叔本华在他的著作中几乎把女人批评得"体无完肤"，但他还是有过一次如痴如狂的恋爱，若非他那时挥剑斩情丝，叔本华的后半生恐将完全改变。那个令他疯狂的女人，是当时宫廷戏院最有名的女演员，名叫卡罗琳·耶格曼。她长得娇小白皙，曾经是魏玛公爵的情妇，不过叔本华认识她的时候，公爵已去世了。

为了躲避太过频繁的交际，也为了逃避"女演员的诱惑"，叔本华在1814年夏天离开魏玛，到德累斯顿住了下来。他就此离开了母亲，虽然他母亲此后又活了二十四年，但直到他母亲的晚年，双方才恢复通信。

叔本华离开魏玛之前，开始和歌德有了比较密切的交往。这两位名垂千古照耀世界文坛和哲学界的巨星，似乎都有洞察英才的慧眼。叔本华平素自视甚高，许多名家学者都被他批评得一无是处，但他唯独敬爱歌德，只要歌德出现在他家的客厅，叔本华整个心神立刻就会被吸引，而歌德对这位年轻的哲学家也非常器重。在耶拿，有一则故事可以做证明。

某一天有一个聚会，大家围着一张茶几闲聊，唯独这位年轻的哲学博士独自退到窗边，神情很肃穆地在沉思，几个女孩子便开起叔本华的玩笑。歌德刚好走进来，问大家有什么好笑的事情，众人一齐指着叔本华，歌德见状责备道："不要取笑这位少年，将来他会比我们都更了不起。"

长期的孤独和抑郁让叔本华的性格越来越暴躁和乖僻了，他常被恐惧和邪恶的幻想所困扰。他睡觉时身边都会放着实弹手枪，他更不放心把自己的脑袋交给理发匠的剃刀。只要听到关于传染病的传言，他便吓得往外飞奔。在公共场所宴饮的时候，他都随身带着皮质杯子，以免被传染。他把票据藏在旧信封里，把金子藏在墨水瓶底下。

就学术研究的条件而言，叔本华是得天独厚的幸运儿。他继承了丰厚的遗产，不必为衣食奔波忧心，除了教过两年书外，一生中再也不曾从事其他的职业。他又是天生的"哲学坯子"，"从小就觉得自己属于整个世界，而不仅仅属于自己，既然自认为命中注定要为公共福祉而生活，那么平常的闲暇和自由，就不能独享了"，所以，他对财富和遗产，有一套奇特的见解。他曾经写道：

我并不认为，留心处理既得遗产有什么不应该。因为如果一个人从一开始就有这样多的钱，他就可以不用为生计忧虑，不用为贫穷忧愁，就可以从人类宿命般的奴隶生活中求得解放，去过无忧无虑的真正独立的生活。唯有获得了这种好运气的人，从降生之日起才算是一个真正自由的人，因为他能够主宰时间，每天早上，他都可以说："这一天是我的。"

遗产若能遇到一位有高尚品性的主人，便可发挥其最大效用，因为他能从事不同于一般"为糊口而生"的工作，这样就能各得其利。就他个人来说，虽有独享安逸生活的闲适心情，但他能创造对社会有价值的东西，能以百倍的代价来偿还对其他人的亏欠。反之，假如一个人不能偿还亏欠却徒然接受遗产，便该遭到唾弃。

获得大笔财富的机会应当替天才保留，因为只有天才才能够在艺术、哲学、文学方面表现他深刻的观察力，也正是因此，这类人才迫切需要没有干扰的自由，他们不仅欢迎寂寞，更会将闲暇视为是最大的幸福。

我们几乎可以确定，在叔本华决定以哲学为终生目标之日起，他就认为自己是天才，是杰出的哲学家。正是这种心理上的优越

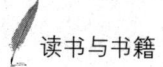
读书与书籍

感,造成了他孤独乖僻的个性。他蔑视"俗人",拒绝世俗社交,深恐被凡俗的"恶德"所玷污;他也瞧不起一般学者,认为他们只是为了牟利,只知道迎合世俗的要求,不是为学术而学术。这样的心理状态经常让叔本华感到寂寞和痛苦,但他会自我勉励:

> 不要忘记你是一个哲学家,上苍叫你从事这种工作,切不可心有旁骛,也不要走别人的老路。要保持高尚的心志,培养超俗的见地,痛苦和失败也是必要的,正像一艘船必须要有压舱货一般,如若不然,船就会成了风的玩具,很容易倾覆。
> 痛苦是天才灵感的泉源。假如在生活中处处都能随心所欲,过得舒坦,莎士比亚、歌德的诗剧又怎么会诞生?柏拉图还会有哲学思想,康德还会有《纯粹理性批判》传世吗?

他的自负,使他极为重视个人声誉,他自信自己的成就应当凌驾于黑格尔之流之上,然而事实上,他所得到的却是冷遇、漠视和被遗忘。他在大发牢骚之余,又自我安慰道:

> 这种遗忘,证明我不配我的时代,或者我的时代不配我。在这两种情形之下,我只能保持缄默。在康德和我之间,根本

就没有哲学，只有那些在大学里大言不惭的凡夫俗子，读这些人拙劣的著作，真是浪费时间。我不想加入现在的哲学争辩。人生过得很快，而了解得却很慢，因此，我不会活着看到自己赢得世俗的声誉。

叔本华虽然愤世嫉俗，但对人类并没有失去同情心。他很善于经营他的财产，到临终时，财产几乎增加了一倍。虽然他认为挥霍比贪婪更可恶，但生活中的叔本华却并不吝啬。许多贫苦的亲朋、穷困的邻居找他帮忙，他从不推辞，他还是德国动物保护的提倡者。同时，叔本华在遗嘱中也指明，他的财产继承人是1848年革命后组织救助残废军人和孤儿寡妇的协会。此外，他的佣人和狗也都得到了一笔丰厚的遗产。所有这些都足可见叔本华的宅心仁厚。

1854年，瓦格纳送他一部《尼伯龙根的指环》（瓦格纳伟大歌剧之一），并且称赞叔本华的音乐哲学。人们从各地来拜望他，1858年，他七十岁生日时，贺函从世界各地向他涌来。随着声誉日隆，他的为人也日渐和蔼可亲了。

他又活了两年，享受他迟到的盛誉。

1860年9月21日，叔本华起床洗完冷水浴后，独自坐着吃早餐。一小时后，佣人进来，发现他倚在沙发的一角，去世了。

读书与书籍

每一次想到德国哲学家尼采的这句"我一生只喜欢读用血泪完成的著作",就不能不让人联想到叔本华。尼采,这位在思想史上最受争议的思想巨人,这位曾自称哲学史将来会以"尼采以前,尼采以后"作为分水岭的狂人,这位认为自己和海涅是德语写作巅峰的人,在回顾自己的阅读经历时,提到最让他震撼的三本书是:

叔本华的《作为意志和表象的世界》、司汤达的《红与黑》、陀思妥耶夫斯基的《罪与罚》。

进入21世纪,人类纵然已经登陆月球,但科技飞跃的美丽新世界究竟能带给人类多少幸福?寄托心灵的乌托邦到底是近在眼前,还是遥不可及呢?这正是一个让人着迷又让人困惑的课题。

论存在的空虚

论存在的空虚

一　存在是空虚的

存在的空虚表现在存在表现自身的整个方式中；表现在无限时空之中的有限个人里；表现在作为现实事物唯一存在方式的无常中；表现在万物的偶然和相对之中；表现在不断变化的生灭现象之中；表现在不断期望而永无满足的情形中；表现在为生活奋斗但不断受挫的常态中。时间和存在于时间中的脆弱易毁的万物只是生命意志显示其奋发精神的一种虚无的方式，就生命意志作为物自体这一点而言，虚无是不会消灭的。时间使一切事物在我们手上化入虚无，并让它们失去一切真正的价值。

二　存在是短暂的

曾经存在的东西现在不再存在，就好像它从来不曾存在一样。但是现在存在的一切东西，在下一刻就会变成曾经存在的东西。于即是最无意义的现在也比最有意义的过去具有更多的现实性,这表明前者与后者的关系是"有物存在"和"无物存在"之间的关系。

突然之间来到这个世界让我们惊愕,而不久之后我们也不会再存在于世上,我们将重新化入虚无之中,然后就这样度过无数年。我们内心说那是不可能的,因为当我们想到这种观念时,总会认为即使一个人再笨,他也必然会有一种预知,那就是预知时间的观念性。不过时间的观念性和空间的观念性结合在一起才是打开真正形而上学的钥匙,因为它容许在事物的自然秩序以外存在完全不同的秩序。这就是为什么康德如此伟大。

我们生命的所有时刻之中只有片刻属于现在,大部分会永远属于过去。如果我们不曾了解自己其实享有无尽的永恒源泉,并因此能获取新的生命和新的时间的话,那么当我们看到自己短暂的生命在不断消逝的时候,也许要发狂。

的确,你可以基于这种想法建立一种理论,即最伟大的智慧便是把握现在,并且将这种把握当作人生的目标,因为毕竟只有现在是最真实的,别的一切都是虚幻的。但是你也可以说这种生活方式是最大的愚行,因为"现在"这个很快就不再存在的、会像梦幻一样完全消失的东西,不值得我们去认真追求。

三　存在是变化的

除了短暂的现在之外,我们的存在没有其他的依靠。因此,从根本上看,存在的形式永远是不断的运动,根本找不到我们追求的那种静止。存在的形式好像从山上跑下来的人一样,如果想停下来就会跌倒,只有不断地跑才能稳住脚跟,或者像在指尖平衡的竿子,像绕着恒星运动的行星,如果不再保持移动或继续运行就会掉下来或落到恒星上。因此,不安于静止是存在的象征。

在这样的世界里没有任何静止的东西,也不可能有任何持久的东西,一切事物都在不断变化,一切事物都像放在拉紧的绳索上面,只有不断地向前跨进才能保持稳定。在这样的世界里,快乐不如我们想象的那么多。就像柏拉图说的,"只有永恒的变化,没有常驻的存在",快乐也不可能会永远停留。

没有一个人是快乐的,人们只是在终生追求那很难得到的想象中的快乐,而且即使追求到了,也只会对它失望。在变幻无常的生活中,不管快乐与否,结局都是一样,生命的航船最终总是会桅杆尽毁、船桨尽折地驶入终点的港湾。

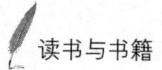
读书与书籍

四　存在没有价值

人生中的情景就好像笔法粗陋的图画：从近处看，看不出个所以然，要发现它的美，必须从远处看。这就是为什么我们在得到某种期求的东西以后，就会发现原来它是那么空虚；这也是为什么我们终生期望更佳境遇，却往往在遗憾地怀念过去。

另一方面，人们把"现在"看得非常短暂，而且只将它视为是达到目标的手段。这就是为什么大多数人在回顾自己的生活时，才会发现自己一直都只是暂时活着；这也是为什么大多数人在了解到被自己轻轻放过不屑一顾的东西正是自己的生命，正是自己所期求的东西时，会感到惊愕。

生命所表现出的主要是一种工作，一种维持本身存在的工作。如果这个工作完成了，那么我们所获得的东西就变成一种负担，于是就出现了第二个工作，即如何避免厌烦。厌烦像捕食动物的飞鸟一样盘旋在我们头上，总想找机会攫取我们安心宁静的生活。我们可以说，第一个工作是追求某种东西，而第二个工作却是设法忘却已获得的东西。

只要我们稍稍观察一下就可以知道，人总有一堆难以满足的需求，而满足这些需求除了会使人陷入厌烦以外，别无其他任何作用。厌烦是表示存在本身毫无价值的直接证明，因为厌烦是对存在的一种空虚感知，这些情形充分证明了人生必定就是一个错误。人的本质和存在就是追求生命，如果生命中含有正面价值和真实的内容，也就不会有厌烦产生，单纯的生存就能让我们满足。但就像实际情形所表示的一样，只有我们在追求某种东西时，距离和困难才可以使我们的目标看来似乎能令人满足。然而，这其实是一种错觉，因为当我们接触到目标时，满足感就消失了，即便从事纯粹心智的活动也不能完全摆脱这种向厌烦和乏味的跌落。

在这种情形下，我们的确应该脱离生命，从而像看戏一样从外面去审视生命，否则，我们在生存中就得不到快乐。即使是性的快乐也是如此。性的快乐在于不断的追求，一旦所求达到了，快乐也就失去了。每当我们不从事这些事情而只回到生存本身时，就会感到深深的空虚，感到人生没有价值，这就是所谓的厌烦感。

五 生命是幻灭的过程

人类有机体所显示的生命意志最完全的表现，及其无可比拟的精密而复杂的组织，终必会崩溃，化为尘埃，它的全部精华和奋斗成果最后也会毁灭殆尽。这是"自然"的明确宣示，它告诉我们意志的一切奋斗都是无效的。因为如果意志本身是有价值的东西、是应该无条件存在的东西，那么它就不会归于虚无。

然而我们的起始和终结之间的差别相当大，一开始我们疯狂地追求肉体的享受及强烈的情欲，最后我们的整个身体崩解发出尸体的腐臭味。生活的幸福和快乐从最初到最后，也是每况愈下：快乐梦幻的童年，充满青春活力的少年，艰辛工作的成年，体弱可怜的老年，最后是令人痛苦的疾病和在垂死边缘的挣扎。这么看来，生存本就是个错误，而且还在一错再错。

我们应该尽量把生命看作幻灭的过程，因为很明显，这就是我们所经历的。

论生命意志的肯定与否定

一 生命意志的否定

创造了世界现象的意志,一定不会因为处于潜在的状态而丧失对现象的支配力,这在某种程度上,是一个显而易见的先天真理。现在我们知道,如果前一种状况构成意志活动的现象,那么后一种状况便构成非意志活动的现象。从本质上看,这与佛家的涅槃相同。

生命意志的否定不是指要消灭实体,而是表示否定意志活动,也就是说,以往有意志活动的东西现在不再有意志活动了。这个作为"物自体"的意志,我们只有透过生命意志的活动才能知道它,因此当意志不再活动以后,我们也就无法说明或想象它是什么东西或要做什么事情了,于是对作为意志现象的人类来说,这种生命意志的否定就代表着一种从有到无的变化。

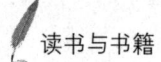

二 希腊罗马泛神论精神和基督教精神

在希腊人和印度人的伦理学之间有一种明显的对立：前者的目的（柏拉图例外）是使人能够过一种快乐的生活；后者的目的则相反，是追求从生命中彻底解脱，数论派在其代表著作中的第一句话，就直截了当地这样表达过。

如果你看到佛罗伦萨美术陈列馆里一具古代的雕刻精美的石棺的话，就会发现一种与上述情况相同的对立情形，由于这种对立情形具有可见的形象，所以显得更有力。这具石棺上的浮雕所描绘的是完整的结婚仪式：从最初的求婚，到婚姻之神海门的火炬照亮，最后再到洞房之路。然后你把这种情形和基督徒的棺木做一下比较，就会发现后者的棺木四周都漆上黑色以示悲叹，棺木上放一个十字架。

这种对立情形非常有意义。他们都想在面对死亡时获得慰藉，且都做到了，但方法却完全相反。一个表示对生命意志的肯定，认为不管生命的形式是怎样快速地一个一个彼此相续，但生命永远是稳固的。另一个则由痛苦和死亡的象征来表示棺中之人已从死亡和魔鬼支配的世界中得到解脱，这是对生命意志的否定。也就是说，在希腊罗马泛神论精神和基督教精神之间，真正的对立其实是生命意志之肯定与否定的对立。而在这个问题上，基督教的认识才是对的。

三　叔本华伦理学与其他伦理学的关系

如果以教会的观点来解释的话，我的伦理学和欧洲其他所有哲学家的伦理学之间的关系，就像《圣经》的《新约》和《旧约》之间的关系。《旧约》把人置于律法支配之下，但律法并不引导人走入救赎之境。《新约》则不同，《新约》告诉我们律法是不够的，它不要求人服从律法，而是宣扬天堂以代替律法，认为我们可以通过信仰、爱和彻底的自我否定进入天堂。《新约》告诉我们，这是从邪恶和现象世界中获得救赎的唯一道路。

不过，所有新教徒和理性主义者都错了，《新约》的真正精神无疑是禁欲主义精神，而这种禁欲主义精神正是生命意志的否定。无论是从律法范围转变到信仰范围，还是从罪恶和死亡世界转变到基督教中的永恒生命世界，从实质意义上看，这些都是从单纯的德行转变到生命意志的否定。在我之前的整个哲学伦理学都固守《旧约》的精神。它提出一种绝对道德律，即没有基础也没有目的的道德律，并包含道德上的命令和禁律，而在这些命令和禁律背后，隐藏着一位不容置疑的上帝。不管这种伦理学表现的方式如何，都逃不脱这样的规律。

相反，我的伦理学却有基础、目的和目标：首先在理论上证明正义和良善的形而上的基础，然后指出正义和良善完全实现时会达到的目标，同时也明确承认生活在这世界上的人应当受到责难，并指出只有意志的否定才是救赎之道。因此我的伦理学实际上和《新约》的精神是一样的，而所有其他伦理学和《旧约》精神一致，它们在理论上甚至与犹太教没什么两样，也就是说，它们只是一种一神教而已。从这个意义上看，我的学说可以说是真正的基督教哲学，尽管那些不愿深入研究只想了解皮毛的人觉得这种说法似乎并不合理。

四　罪恶的存在

如果一个人能够稍做深入的思考，他就会立刻发现，人类的种种欲望并非只在彼此偶然对立、产生伤害时才是罪恶的，而是只要它们带来了恶果，本质上它们就是罪恶的，是应受责难的。从这个角度看，整个生命意志都应是罪恶的。这个世界所充满的残酷和痛苦的现象，事实上只是生命意志的种种客观化方式的必然结果，因此也只是对生命意志的肯定所做的解释。

死亡本身就证明了我们的存在含有罪过。

五　生育活动与生命意志

如果你从物自体，或者说从生命意志出发去了解这个世界，那么你会发现，这个世界的核心是生育活动。相反，如果你从现象世界，从经验世界、观念世界出发，所看到的情形就会大不相同。在这里，生育活动成为了不合理的反常事物，它需要被掩饰和隐藏，有时甚至会带来许多笑料。

我们可能以为这只是魔鬼隐藏诡计的方法，是高贵世界里骗人的把戏，因为性欲总会给我们带来无数浪漫的憧憬和想象，但这些憧憬和想象却往往难以实现，尤其是当我们把性欲固定在某一特定女人的身上，全心全意地迷恋她时，就更会这样。

生育活动是宇宙中心，这表明"生命意志再度被肯定"。另一方面，妊娠则表明"智慧之光再度和意志合一"。借此我们可以发现再度摆脱这个世界的方法，而得到救赎也因此成为可能。从这个角度看，女人在生育活动中担任的角色比男人担任的角色更有益，因为男人使小孩具有意志，这是一切不幸和邪恶的源泉，是最大的罪恶，而女人却使小孩具有智慧，这就打开了救赎之门。

有一个明显的事实：每个女人虽然乍闻生育活动会觉得羞死人，然而当她们拖着一个大肚皮时却毫无害羞的样子，甚至会引以为荣，这正是因为妊娠抵消了性交带来的罪过。性交主要是男人的事情，妊娠则完全是女人的事情。小孩从父亲那里获得意志和性格，从母亲那里获得智慧。后者是救赎生命的途径，而前者则奴役生命。正是因此，虽然性交使人觉得很害羞和不好听，然而与性交密切相关的妊娠却代表纯洁无邪，甚至在某种程度上，它是神圣的事情。

生命意志仍然存在于时间之中，生命意志的重新具体化也是一种象征，它象征着最明亮的智慧之光，也就是救赎的可能，再度和意志合一了。这种再度合一的外在表现是妊娠，于是妊娠可以大摇大摆地公开展现出来，是能让人引以为荣的事情，而性交却要像罪犯一样藏头藏尾。

六　犯罪与生命意志

对从事不义和犯罪行为的人来说，这种行为是其肯定生命意志力量的表征，因而他仍然离真正的救赎，即离生命意志的否定很远,也离"从这个世界救赎出来"很远,在他能够真正得救之前仍需长时间地学习知识和训练受苦。不过,对这样的人来说,不义和犯罪行为虽然从形而下的意义看是一种罪恶,可是从形而上的观点看却是一种良善的、有益的行动,因为它们在帮助他走向真正的救赎之道。

七　世界精神与人的对话

世界精神：需要你付出所有劳动和忍受所有痛苦的工作,才能证明你是像万物一样切实存在着的。

人：但是我能从生活中得到什么呢?如果生活是满足的,我便只有痛苦,如果生活是空虚的,我便只有厌烦。付出这么多的辛劳,忍受这么多的痛苦,你怎能只给予我这么少的报酬呢?

世界精神：可是,这全是按照你所有艰辛和痛苦的比率而给予的,这也正说明了你的付出像回报一样贫乏。

人：的确,那不是我能了解的。

世界精神：我知道会如此。我应该告诉他生命的价值就在于这些吗?我应该教他不要对回报有所希求吗?生命一定为他准备了这个最初的起点。

论不朽的根本存在

论不朽的根本存在

一　错误观念

你们应该读读尚保罗[1]的作品《瑟琳娜》[2]，这样就可以知道一流作家究竟是如何借错误观念来讨论自己认为无意义的东西的。虽然他不断为这些自己无法忍受的荒谬思想所困扰，可他并不希望抛下这些错误观念，因为毕竟他曾渴望获得它。这里所说的观念是指他认为我们个人意识消亡后仍持续存在。尚保罗在这方面的努力表明，这种观念并非像一般人所想的那样，它不是有益的错误，而是有害的错误。

因为灵魂和肉体之间不真实的对立，以及认为整个人格主导永

---

[1] 尚保罗（1763—1825）原名为约翰·保罗·弗里德里希·李希特，尚保罗为他的笔名。他是当时最有名的德国作家之一。
[2] 该书在尚保罗死后两年即1827年出版，是一部不成功的作品。他决定不再信仰基督教，但他发现有很多教义无法反驳，例如关于不朽的教义。但这个不朽的信念除了能作为基督教的一部分之外，也没有什么其他的意义了。

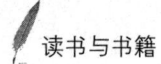 读书与书籍

恒存在之物的观点,我们不能真正认识到,其实我们的内在生命不受时间、因果关系和变化的影响,而且它具有不可毁灭性。这种错误观念甚至也不能看作是真理的代替品,因为理性在不断地指出其中荒谬、不合理的地方。就长时间而论,只有在一种纯粹无杂染的状况下,真理才能继续维持下去,如果真理包含了错误,就会变得脆弱。

二 对于死后持续存在问题的回答

在日常生活中,如果有人问你有关死后持续存在的问题,而这个人又属于那种希望知道一切事物却不学习任何东西的人,那么最适当且最接近正确的回答是:"在你死后,你将变成自己未出生时那样。"这个答案含有下述意思:如果你要求一种存在有起始而没有终结的话,那是荒谬的。不过,它还含有一种暗示,即世界上可能有两种存在,也有两种虚无和它相对。

不过,你也可以这样回答:"不管你死后成为什么,即使是化为虚无,你也会像你作为一个个别有机体的现在一样,自然而恰当,因此你最需要担心的是由生到死进行转变的时刻。如果我们对这个问题进行进一步的思考,就会得到一个结论:像我们人类这样

的存在，宁可不存在。因此，'我们不再存在'的这个观点，'不再存在于其中某一时间'的这个观点，从某个角度来看，就像所谓'人类从未出生'这个观点一样，对我们根本没有什么困扰。现在，由于我们所谓的'存在本质上是个人的存在'，因此，人格的终结也就不能被视为是损失。"

三 关于持续存在

如果我们想象一种动物能够观察、认知和了解一切事情，那么，关于我们死后是否存在的问题，对这种动物而言也许没有任何意义。因为在我们当下个别的存在状态之外，存在与否不再有任何意义，而只是彼此无法区别的概念而已。因此，所谓毁灭的观念和持续存在的观念，都不能用在我们固有的本质存在即物自体上面，因为这些观念都是从时间范围内借用的，而时间又只是现象的形式。

我们也可以认为，我们所谓的物质形式之下的核心不可毁灭，只在于它的持续存在。同时，只要我们在本质上根据物质世界的结构来看，也可以认为这个核心及其一切形式的变化，都是牢固地存在于时间中的。

现在，如果我们否认这个核心的持续存在，那么根据形式的结构，我们就是把自己在时间上的终结看成了一种消灭，假如产生它的条件没有了，这个"消灭"也就不见了。不过，这两个观念都是从现象世界的形式转变到物自体，从一种非持续存在转变到不可毁灭，甚至连抽象观念也难得建立，因为我们缺乏建立这种观念所需要的一切直觉知识。

不过，事实上，许多新东西的不断产生以及早已存在的东西的不断消亡，都应该被视为一种由两片透镜装置（即大脑作用）所产生的幻象，我们只能透过这个装置来看一切东西，它们是空间和时间以及两者的彼此渗透，也即因果关系。因为我们在这些条件下所知觉的一切都只是现象，所以我们不知道事物本身是什么，就是说，除了对它们所产生的知觉之外，我们无法更深入地去了解它们的本质，这就是康德哲学的真正中心思想。

四　万物脆弱而生命永恒

你越是知道万物的脆弱、空虚和梦幻，便越能明显地感觉到自己内在生命的永恒，因为只有以此做参照，万物的这种性质才会显而易见，这就像只有以不动的河岸而非船只本身做参照，才能感觉到行船的速度一样。

五　死亡不是存在的终结

我们怎能相信当一个人死亡时，他的本身便消灭了呢？人类直觉地知道，一个人的死亡只是时间的终结，只是形式的终结，而事物本身即物自体根本没有受到影响。

我们都觉得，我们并非是被什么人从虚无中创造出来的，于是我们便产生了一种信念：虽然死亡可以结束我们的生命，但却无法结束我们的存在。

所谓"现在"具有两方面，即客观的一面和主观的一面。只有客观的一面才能显示出时间是它的形式，因而"现在"会像水一样向前奔流而逝，而主观的一面则永恒不动，保持不变。正是基于这主观的一面，我们才能对久远的过去有如在目前的感觉，同时也正因如此，我们才能明知道自己的存在很短暂，也生出一种自己不朽的感觉。

只要我们是活着的，就总是处在时间的中点而不是时间的终点，由此可见，每个人内心都带有无穷时间的不动中点，这让我们有活下去的信心而不再恐惧死亡。

凡是能通过自己的记忆力和想象力明确地回想起自己生命中久

远过去的人,都将比别人更能感觉到整个时间中许多当下的相同片刻,而由于这种感觉,他们便会把短暂的片刻理解为唯一持续存在的东西。

凡是以这种直觉方式来了解现在的企图,都来自我们内心,也就是说是来自于内而非来自于外,我们都无法怀疑自己内在生命的不可毁灭。我们应该说,当一个人死亡时,这个客观世界及其表现的媒介物即这个人的心智,对他本人来说虽已失去,但其存在却不会因人死而受影响,因为人的内心和世间万物一样,是客观而真实的。

不承认这一点的人会这样反对:

"时间是一种客观而真实的东西,完全独立于'我'。我只是偶然被投入到时间之中,我占有时间中的一小部分,因此才获得瞬息的真实,就像现在已不复存在的千千万万人在我之前所获得的一样,而我也将会迅速化为虚无。可是时间则不同,时间是实在而永恒的东西,没有我,时间一样流逝。"

我想,这个看法的基本错误是显而易见的。的确,这些话都是表示,可以把生命看作一个梦,而死亡则是从梦中觉醒。但我们应该记住,个人是属于梦的那种朦胧意识的而非觉醒意识的,这就是为什么个人会认为死亡是一种毁灭。从这个观点看,死亡不应被视为过渡到另一全新的、自己不认识的状态，而应该把死亡看作回到自己原来的状态，生命也只是暂时离开这个原来的状态而已。

死亡时人的意识确实消失了，但是产生意识的东西却没有随之消失。因为意识主要基于心智，但心智又基于某种心理过程，也即大脑的作用，因而意识是受神经和肌肉系统的共同作用所限制的。说得更正确一点儿，意识受被心脏滋养、推动和不断刺激的大脑所限制，通过大脑巧妙而神奇的结构，意识会产生客观世界的现象和人类的思想活动。

这里所说的大脑神奇巧妙的结构，只有生理学可以理解，解剖学是无法理解的，解剖学只能加以描述。我们不能离开某一具体的生命而想象特定的某个个别意识，也就是说，我们不能离开某个具体生命而产生任何一种意识，因为作为整个意识先决条件的认识是由大脑产生的，它是心智的客体形式。现在，从生理学观点看，即从经验事实看，亦即从现象领域看，心智是一种次要的东西，是一种生活过程的结果，所以在心理学角度上，它也是次要的，也是与意志对立的，而只有意志才是主要的和无所不在的原始因素。

所以，由于意识不直接附着于意志，只受心智所限，而心智又受大脑所限制，所以毫无疑问，意识会因死亡而消失，就像它会因睡眠或任何昏厥或昏迷而消失一样。但是不要泄气吧！因为即使意识在人类身上已达到顶点,然而,就人类与整个动物世界共同具有意识这一点而言,我们仍可以说,这是一种大脑意识,一种动物意识,一种受到更多束缚的动物的意识。

从起源和目的上看,这种意识的产生只为便于动物获取所需,而死亡使我们恢复的状态就是自己本来具有的状态,即存在的内在固有状态。这是一种物自体的状态,与现象世界是相反的,而在这个最初状态中,像大脑认识力这种暂时的代替物完全是多余的,这正是我们会失去它的原因。

对我们来说,动物意识的消失和现象世界不再存在是一回事,因为动物意识只是现象世界的媒介,也只有作为现象世界的媒介,它才是有用的。即使在最初的状态中,我们也保持着这种动物的意识,虽然其实我们应该像康复的跛者抛弃拐杖一样抛弃它,所以,凡是为将要失去这种只适于产生现象的大脑意识而感到惋惜的人,都可以和来自格陵兰的改变信仰者相比。

再者,这里所说的一切都基于一种预设,即我们能够想象一种并非无意识而只是认知的状态,这种状态具有一切基本认识形态的表征,主客分开,分为能知与所知。但我们必须承认,这种能知与所知的形式受我们的动物天性的限制,也是次要的和引申的,根本不是整个基本存在的最初原始状态,因此它的构成可能会完全不同,但并非是无意识的。就我们能够彻底深入其中去了解它而言,我们内在固有的实际生命只是意志,而在意志本身中丝毫没有认知作用。

如果死亡使我们失去心智,那么心智就会转变为本来无认知作用的最初状态,不过这个最初状态不只是无意识状态,而且是一种超乎形式的状态,在这种状态中没有主客对立,因为在这里认识的对象和认识的发出者是分不开的,于是一切认知的基本条件即主客对立也就消失了。

六 生命的轮回

现在,如果我们不再向内看而再次向外看,并用客观的方式去观察呈现于我们面前的世界,我们就会毫不犹豫地把死亡看成一种向虚无的转化,那么从另一方面讲,出生也就表现为从虚无而来的创生。生与死这两者都不是无条件的真实,它们只具有现象世界的真实。

认为在某种意义下死后还活着,这种看法和我们每天看到的生殖现象一样寻常。凡是逝去的东西都会回到一切生命的发源之处,由此看来,我们的生命应被视为从死亡那里借来的债务,而睡眠是

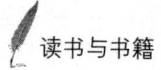 读书与书籍

每天对债务付出的利息。

死亡显然是个体的毁灭，但在这个消逝的个体中却含有新生命的种子。没有一个逝去的东西是永远逝去的，不过，也没有一个新的东西能完全颠覆之前的存在，成为一个全新的个体。逝去的东西固然消灭了，但种子仍然留了下来，从这个种子中又产生新生命，然后这个新生命来到世上，既不知道自己从何而来，也不知道自己为什么是这个样子。这就是再生轮回，它告诉我们，所有活在现在的东西里面都含有一切活在未来者的现实种子，因此从某种意义上说，这些未来的东西其实早已存在。于是，一切生命力旺盛的动物似乎都在对我们说："你为什么悲叹生命的短暂呢？如果在我之前，所有的同类不曾逝去的话，我又怎能存在呢？"

不管在这个世界大舞台上出现的戏剧故事和演员面具的变化有多大，实际出场的总是那些人。现在，我们坐在一起高谈阔论，千年以前，可能有人和我们一样坐在这里谈论同样的事、同样的人，千年之后也还会是这样，我们不能直接感受到这些只是因为时间的干扰。

幸好我们在转生轮回与再生轮回之间做了明显的区分：前者是整个灵魂转化为肉体，而后者是只有意志还持续存在的个体的分解和重建，并且由于个体中的意志表现为新生命的形态，所以它会获

得一种新的心智。

自古以来，都是男性贮藏意志，女性贮藏心智。因此每个人都有父亲和母亲两方面的因素，这些因素经过生殖过程结合在一起，又因死亡再度分裂，这就是个体的消亡。我们会为个体的死亡感到悲伤，因为我们觉得这样就彻底失去了他，过去他只是一种混合物，如今这个混合物已无可补救地分解了。不过我们也不要忘记，从母亲那里得到的心智，不像从父亲那里得到的意志那样牢固和无条件，因为心智是次要的，也只是物质层面的，完全依赖于有机体。

我们可以从两种相反的角度去看待每个人。从一种角度看，他的生命是短暂的，会犯错也有忧伤，他起始于时间之中，也终结于时间之中；可是从另一种角度看，他是不能消灭的，他是在事物中客观化的原始生命。

七　关于死亡和存在的对话

色拉叙马霍斯：总而言之，我死后会变成什么呢？请明确地回答我。

菲勒里希斯：变成一切东西，也可以说会变成虚无。

色拉叙马霍斯：如我所料。但这对解决问题来说毫无帮助，这种回答技巧已被人用得不能再用了。

菲勒里希斯：用表达内在知识的语言去回答超越的问题，当然无益于解决问题。

色拉叙马霍斯：你所谓"超越的"，到底是什么东西？你所谓"内在的"，又是指什么东西？我也熟悉这些词语，我从我老师那里学到它们，他的哲学是完全讨论上帝的，于是我也只是把它们当作表示上帝属性的词语。如果上帝在这个世界中的某一地方，他就是内在的，但如果他在世界之外，那便是超越的。

但现在，虽然你知道自己是站在什么立场上，但是没有人能了解你的旧式康德术语，所以你来解释一下，这些究竟是什么意义呢？

菲勒里希斯：所谓超越的知识，是指那种超越一切可能经验，而力求确定事物本性的知识。相反，所谓内在的知识则指那种限于可能经验范围之内，因而只能表示现象的知识。就个体而言，你会随着自己的死亡而消逝，但是你的个体并非你的根本生命，它只是根本生命的表现形式而已，换句话说，你的个体不是物自体，只是物自体的现象形式，这种现象形式表现于时间之中，因而具有起始和终结。你的本体物自体既不关乎时间，也不关乎起始和终结，更不处在某一特定个体的范围之内，因此没有任何个体可以排斥它，它存在于每个人身上和每个地方之中。

论不朽的根本存在

从前一种意义看，你死亡时会归于无物，可是从后一种意义看，你会变为一切东西。这就是为什么我说你死后会成为一切东西，也会归于无物。你的问题，很难有比这更好和更简单的答案了，虽然这个答案本身就有矛盾。它之所以有矛盾，是因为你的生命是有限的，而你的不朽却是永恒的。你的不朽也可以称为不可毁灭性，称为没有持续存在的不可毁灭性——这又是一种矛盾。

色拉叙马霍斯：好吧，不过如果我这个个体不能持续存在，那么我也不会付出代价来换取你所谓的不朽。

菲勒里希斯：假如我保证你的个体能持续存在，也许你愿意稍做交易，不过有个条件，就是你要先保持三个月完全无意识的深度睡眠。

色拉叙马霍斯：我同意这一点。

菲勒里希斯：但当我们处在深度睡眠状态时，我们是完全无意识的，丝毫不会感觉到时间的流逝，甚至当我们醒来时都要自己说服自己我们已经睡了很久。因此在无意识世界中，无论是过了三个月还是一万年，都是一样的。

色拉叙马霍斯：确实是这样。

菲勒里希斯：可是，如果在一万年之后才把你弄醒，我想，这不会是一件很大的不幸，因为你不存在的那段时间要比你短暂的存

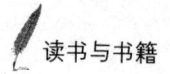 读书与书籍

在期长得多,你会完全习惯不存在的那段时间,甚至我们可以确定地说,你根本不会想到自己有这么长时间没有被弄醒。如果你知道推动你现在的现象形式的神秘机构在这一万年中,一刻也不曾停止产生和推动其他同样的事,你会对这种情形感到更加满意。

色拉叙马霍斯:不,你无法用这种方法骗取我的个体性。我坚持要求以我个体性的持续存在为条件,我无法因机械论及其现象而对它的损失无动于衷。我,我,我要存在!那才是我想要的,而不是要先说服别人相信自己具有一种存在。

菲勒里希斯:可是,只要你看看周围就会知道,喊着"我要存在"的不只是你一个人。一切东西都具有意识,而你心中的这种欲望并非来自个体性而是来自于人本身,是一切存在之物所固有的,也是一切东西存在的理由,这种欲望所追求的就只是这个东西而不是某种特定的个别存在。

如此强烈地展现自身的存在的东西,只有从间接上看才是个体,从直接和根本上看则是意志本身,这对于一切东西来讲都是一样的。存在本是自由活动,它只是意志的反映,而我们无法剥夺这种意志的反映。

不过,意志获得的仅仅是暂时满足。对意志来说,一切个体性都无关紧要。表面上来看,意志似乎关心个体性,可实际上,它对

此并不关心，因为在自身以外，个体对意志没有直接的认识。这样一来，其结果就是个体会在不同情形下更留意维持自己的存在，这也就保证了种族的持续存在。

由此可见，个体不是一种完美，而是一种缺陷，因此摆脱个体性不是一种损失而是一种收获。你不必为此而烦恼，真的，如果你知道自己的生命深处就是你所体现的普遍生命意志，那么对你来说，这种烦恼就是幼稚可笑的。

色拉叙马霍斯：幼稚可笑的是你自己以及所有哲学家！像我这样成熟的人，花费十五分钟时间和你这种傻子在一起，简直是浪费生命。我还有更重要的事情要做，再见！

论本体与现象的对立

论本体与现象的对立

一 物自体

所谓物自体就是本体，是指独立存在于我们知觉之外的东西，是指真实存在的东西。古希腊哲学家德谟克里特创立原子论，认为物自体是物质，这也是后来洛克的观点。康德认为物自体是不可知的超越的存在物，而我认为它是意志。

二 物理学和形而上学

正如我们只认识地球表面而不认识地球内部的大量固体物质一样，我们在经验上对宇宙万物的认识，除了它们的现象、表面以外，就再没有别的了。对这种有关表面现象的正确认识，构成了物理学，尤其是广义物理学。但是，这个表面认识却要先假设一种既构成外观也构成具体内容的内部，于是这个假设以及关于内部性质的许多推论就构成了形而上学的主要课题。

要想根据表面法则来解释物自体的本性，就等于是要透过外观与适用于外观的法则来解释实体。所有独断的超越论哲学都想根据现象法则来解释物自体，这好像是想使两个完全不同的物体彼此涵盖一样。不管这种超越论会怎样尝试，最终都不会成功。

三 物理学的人和形而上学的人

由于自然中的一切事物都既是现象又是物自体，或者说既是创造的自然又是被创造的自然，因此都可以从物理学和形而上学这两方面对它们加以解释。物理学的解释往往运用"原因"，而形而上的解释则往往运用"意志"，因为出现于无知觉自然中的自然力量以及更高一层的生命力，在动物和人类身上都表现为意志。

所以，严格地说，人类具有智慧的多少和倾向以及道德性格的构成都可以归结为纯粹的物理原因，智慧基于大脑和神经系统的构造以及影响它们的血液循环，而道德性格则基于心脏、淋巴系统、血液、肺脏、肝脏、脾脏、肾脏、肠子、生殖器官等等的构造和综合作用。

我承认，这需要一种甚至比毕查德[①]和卡班尼斯[②]在支配物

[①] 毕查德（1771—1802），法国解剖学家和生理学家。
[②] 卡班尼斯（1757—1808），法国医生，医学方面的作家。

质与道德间关系的法则方面所认识的更为正确的知识，因此，一个人的智慧和性格可以追溯到更远的物理原因，即父母亲的身体结构，而这些只能给同类提供种子，不能对更高一层或更优秀者提供种子。

从形而上学的立场上说，一个人应该被解释为他自身的虚灵存在方式，即完全自由的和最初的意志，正是这个意志为自身创造了最合身的智慧。因此，一个人的一切行动都必定受他性格的影响，而他的性格无论在什么时间都会与作用在他身上的刺激相冲突，虽然这是他的本性导致的实质的结果，然而其根源却完全在于他的本性。

四　不能被了解的自然

当我们认识和思考动物的生命活动时，尽管动物学和动物解剖学会告诉我们许多东西，但我们仍然会觉得这是一种深不可测的奥秘。

大自然会无情地永远对我们人类的询问没有任何反应吗？难道大自然不应该像其他一切伟大的事物一样是开放的，可以向人们展现一切奥秘吗？大自然未能回答我们的询问，是因为我们问错了问

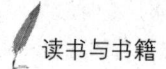读书与书籍

题吗？是因为我们询问的问题本身就是错误的吗？还是因为我们的问题中隐藏着矛盾？除此以外，是否还有其他原因呢？

我们不能认为原因和结果之间的关系可以存在于本质上永远无法被完全认识的自然中。大自然是深不可测的，我们是在一个没有包含这种形式的领域内寻求原因和结果。

我们试图根据充足理由原则来了解表现在我们面前的种种自然现象的内在本质。可这只是我们的智慧借以了解现象即事物表面的方式，而我们却希望把它用在现象领域之外，因为在这个范围里，它能充分发挥作用。

例如，我们以动物的生殖来解释特定动物的存在方式。从根本上看，这并不比从原因产生结果更难解释。即使在最简单的情形下，这种解释最后也会出现让人无法理解的东西。在生殖的情形下，我们缺少因果关系中的另外两个阶段，这种情形并没有产生根本差别，因为即使我们接触到了它们也理解不了，到最后，现象仍然只是现象，不会变为物自体。

五　知识与意志

我们埋怨自己生活在黑暗之中，因为我们根本不了解存在的一

般性质，尤其不了解我们与其他存在之间的关系。我们不只是生命短促，就连我们的知识也完全受这短暂生命的限制，我们既不能知道自己出生之前这个世界的情形，也无法知道自己死亡之后这个世界的情形。我们的意识好像是那道照亮黑夜的闪光，可短暂的生命却像魔鬼一样恶毒地不让我们获得更多的知识，于是我们只能陷于困苦失望之中，无法获得快乐。

可是，这种埋怨并不合理，因为它产生于由错误前提所带来的错觉，即认为所有事物都来自一种思维能力，因而在它成为现实的东西以前都以观念方式存在。根据这个前提，我们认为一切来自于知识领域的事物都可以受到知识的影响，都可以加以解释，都可以借助知识被完全了解。但事实的真相恐怕是，那些我们自己不知道的东西，其实是任何人都无法知道的。

一切知识所在、一切知识所属的观念都只是存在的外在，是次要的东西，就是说，它们并非是保全事物本身所必需的东西，也不是为了保全宇宙整体所必需的，而只是为保全个体存在所必需的。因此，整个事物的存在只是进入了知识领域的表面，只达到了有限的程度，只形成了动物意识中描述的背景。

意志的目标是存在的主要因素，它的地位也最重要。因此，透过这个表面就产生了整个时空世界和观念世界，而时空世界和观念世界在知识领域之外，根本不具有这种存在。既然知识的存在只是为了保全每一种个别的动物，那么它的整个结构，它如时间、空间等的一切形式，都只能用来满足这个目的，而这只需要我们对个别现象之间的关系能有基本了解，根本不需要知道关于事物基本性质和整个宇宙基本性质的知识。

康德曾经表示，困扰着每个人的形而上学问题不可能有任何直接的解决方法，也根本不可能有任何令人满意的解决方法。造成这种情形是因为，形而上学问题的根源在我们理智的形式中，在时间、空间和因果关系中，而现在，我们的理智只被用来把种种刺激指示给个人意志，将欲望的目标指示给个人意志，将掌握这些目标的方法指示给个人意志。

但是，如果滥用理智来认识事物的本体及其整体和内在结构，那么一切可能事物的邻接、连续和相互依赖形式就会产生形而上学的问题，诸如起源和目的问题、世界的开始和终结问题、个人的起始和终结问题、由死亡带来的个人自我的消逝问题、尽管死亡而个人自我仍旧存在的问题、意志自由问题等。

如果我们以为这些形式有过变动，对事物的意识却仍然存在，那么这些问题就是不存在的虚假问题，谈不上解不解决。因为它们完全来自于这些形式，其目的不是了解世界和存在，只是为了了解我们自己。而如果它们完全消失，表达它们的语言也就不会再有任何意义了。

整个这种看问题的方式是对康德理论的一种解释和客观证明，即对理性的各种形式只能内在地运用，不能超越地运用，也就是说，只能用在经验范围以内，不能用在经验范围之外。康德本人当时只是从主观的观点证明这个理论。

我们可以不用这种方式表示，我们可以说：理智是形而下的，不是形而上的，它与意志的客观化有关，因而可以说它始于意志，其存在也只受意志支配。不过，这种支配只涉及自然中的事物，不涉及自然以外的和超自然的事物。

显然，动物只具有发现和觅取食物的智慧，动物的智力高低也取决于这个目标，这个道理在人类身上也没有不同。人类要自保就要比动物面临更多困难，同时人类的需求也在无限增大，这都使人类必须具备更高的智慧。当这种智慧由于反常情形而过量时，就会出现不被役使的丰富的智慧，这就是天才。这种智慧首先是客观的，甚至在某种程度上还可以继续变为形而上的，或至少可以力求变为形而上的。

总括了一切事物的自然现在变成了智慧的题材、问题的发源地，依天才的智慧看来，自然开始自觉为一种既存在而又不能存在

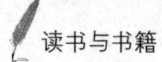

或可能成为另一种存在的东西。可是，在只具有一般智慧的普通人看来，自然显然没有自觉，它就像磨坊主听不见磨坊的声音或制造香料的人闻不到香味一样，对普通人来说，自然只是一种理所当然的东西。

人只有在比较明晰的某些时刻才会知觉到自然，可是这种感觉又稍瞬即逝，因此，即使这种平常人成千上万地联合在一起，他们在哲学方面的成就也很有限。可如果理智是形而上的，如果理智的渊源和能力是形而上的，那它就可以促进哲学发展，当理智的力量组合在一起时，还可以促进所有其他学科的发展。

读书与书籍

一　穷人与富人

愚昧无知如果伴随着富豪巨贾，会更加贬低人的身价。穷人忙于工作，无暇读书也无暇思想，因此他们会沦为无知的人，完全不足为怪。富人则不然，他们本可做极有价值的事情，可惜不能善用财富和闲暇，于是我们常见其中的无知者，他们恣情纵欲，醉生梦死，类似禽兽。

二　读而不思则殆

我们读书时，是别人在代替我们思考，我们只不过是重复他人思想活动的过程而已，这就犹如儿童启蒙习字时，用笔按照教师以铅笔所写的笔画依样画葫芦一般。我们的思想活动在读书时被免除了一大部分，因此当我们暂不自行思索而拿书来读时，会觉得很轻松，然而此时，我们的头脑实际上已成为别人思想的运动场了。

读书与书籍

所以，读书愈多或整天沉浸在书中的人，虽然可借此休养精神，但他的思维能力必将逐渐丧失，犹如时常骑马的人步行能力必定较差一样。有许多学者就是这样，因读书太多而变得愚蠢。经常读书，有一点儿空闲就看书，这种做法比常做手工更会使精神麻痹，因为毕竟在做手工时，我们还可以徜徉于自己的思想中。一条弹簧久受外物的压迫就会失去弹性，我们的精神也是一样，如果经常受别人思想的压力，那它也会失去弹性。食物虽能滋养身体，但若吃得过多，反会伤胃乃至伤身，而我们的"精神食粮"如果太多，也是有害无益的。

读书越多，留存在脑中的东西就越少，两者适成反比。读书多，人的脑海就像一块密密麻麻、重重叠叠、涂抹再涂抹的黑板一样杂乱无章。读书而不思考，绝不会有心得，即使稍有印象，也浅薄而不生根，大抵在不久之后又会淡忘丧失。以人的身体而论，我们所吃的东西只有五十分之一能被吸收，其余的东西则因呼吸、蒸发等等作用而消耗殆尽，精神方面的营养亦同。

况且记录在纸上的思想，不过是像在沙上行走者的足迹而已，我们也许能看到他所走过的路径，但如果我们想要知道他在路上看见些什么，就必须我们自己去感受。

三　天赋与读书

作家们各有擅长，例如雄辩、豪放、简洁、优雅、轻快、诙谐、精辟、纯朴、文采绚丽、表现大胆等等，然而这些特点，并不是读他们的作品就可学得来的。如果我们自己天生就具有这些优点，也许可因读书而受到启发，发现自己的天赋。看别人的榜样而予以妥善应用，然后我们才能具有类似的优点，这样读书可教导我们如何发挥自己的天赋，也可借此培养写作能力。但所有这些都必须以自己有这些禀赋为先决条件，否则，我们读书除了能学得陈词滥调，别无益利，最后充其量也不过是成为一个浅薄的模仿者而已。

四　保存过去

如同地层依次保存着古代的生物一样，图书馆的书架上也保存着历代的各种书籍。后者和前者一样，在当时也许洛阳纸贵，传诵一时，而现在早已犹如化石，了无生气，只有那些"文学的"考古学家在鉴赏而已。

五　书的短暂生命

据希罗多德①说，波斯国王泽尔士一世眼看着自己的百万雄师，想到百年之后这些人中竟没有一个能逃脱黄土一抔的厄运，感慨之余，不禁泫然泪下。同样，今天当我们看到书局、出版社那么厚的图书目录，就该想到其中的许多书籍将保留不了十年，岂不也要有泫然泪下的感觉？

六　不滥读书

文学的情形和人生没有丝毫不同。世界上的任何地方都有无数卑贱的人，他们像苍蝇似的四处为恶，危害社会；而在文学中，也有无数的坏书，像蓬勃滋生的野草，伤害五谷，使它们枯死。这些写坏书的作家原是为贪图金钱、谋求官职而写作，却使读者浪费时间、金钱和精神，使人们不能去读好书，去做高尚的事情，因此，坏书不但无益，而且危害甚大。大抵来说，目前十分之九的书籍是

---

① 希罗多德，生于公元前5世纪的希腊历史学家，有"史学之祖"的美誉，以叙述波斯与古希腊的战争名著《历史》而永垂不朽。

专以骗钱为目的的,为了赚钱,作者、评论家和出版商不惜同流合污,狼狈为奸。

许多文人都很可恶狡猾,他们不愿他人去寻找高尚的趣味和真正的修养,于是很巧妙地引诱人来读时髦的新书,以期在交际场中有谈话的资料。如施宾德伦[①]、布维[②]及尤金·舒[③]等人都很能投机,他们也名噪一时。这种为赚取稿费而写出的作品无时无地不存在,并且数量很多。这些书的读者真是可怜极了,他们以为读那些平庸作家的新作品是他们的义务,却不去读古今中外的少数杰出作家的名著,而是仅仅知道他们的名姓而已。那些每日出版的通俗刊物更是狡猾,它们使人浪费宝贵时光,以致无暇读真正有益修养的作品。

因此,我们读书之前应谨记"决不滥读"的原则。不滥读有方法可循,就是不论何时,凡为大多数读者所欢迎的书切勿贸然拿来读,包括那些正享盛名或者在一年中发行了数版的书籍,不管它属于政治、宗教,还是小说、诗歌。你要知道,为愚者写作的人常

[①] 施宾德伦(1579—1688),德国小说家。
[②] 布维(1803—1873),意大利政治家、作家。
[③] 尤金·舒(1804—1857),法国小说家。

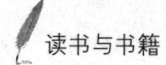

会受大众欢迎。坏书有如毒药，足以伤害心神，因此我们不如把宝贵的时间用来专读已有定评的伟人名著，只有这些书才是开卷有益的。

不读坏书，没有人会责难你，好书读得多，也不会引起非议。但在现在，一般人通常只读新出版的书，而无暇阅读前贤的睿智作品，所以连作者也仅停滞在流行思想的小范围中，我们的时代就这样在自己所设的泥潭中越陷越深了。

七　流动的与持久的

一般人喜欢读那些专门介绍或评论古代大思想家的书，却不去读这些思想家的原著。这样的读者只顾赶时髦，其余的一概不理会，而因"物以类聚"的道理，他们觉得现在庸人的那些浅薄无聊的话，比前辈先贤的思想更容易理解，因此古代名作就更难以入目了。

我很幸运，在童年时就读到了施莱格尔[①]的美妙警句，以后也常奉其为圭臬。

[①] 施莱格尔（1767—1845），德国文学评论家、翻译家。

读书与书籍

你要常读古书，读古人的原著；
而复述他们的话，没有多大意义。

平凡的人，好像都是一个模子铸成的，他们在同时期所产生的思想几乎完全一样，他们的意见也是同样的庸俗。他们宁愿让大思想家的名著摆在书架上，而去争先恐后地阅读那些新出版的平庸文人所写的毫无价值的书，这真是太愚蠢了！

这些东西在数年之后必遭淘汰，甚至可以说，在产生的当天就应当被摒弃，它只配做后人谈笑的资料。

无论什么时代，都有两种不同的文艺同时存在。一种是真实的，另一种只不过是貌似的东西。前者成为不朽的文艺，其作者纯粹为文学而写作，他们的创作严肃静默，然而进程非常缓慢，在欧洲1世纪中所产生的这样的作品不过半打。另一类作者，文章是他们的摇钱树，但他们能狂奔疾驰，受旁观者的欢呼鼓噪，每年送出无数的作品。不过在数年之后，就会有人发出疑问：他们的作品在哪里呢？他们以前那显赫一时的声誉在哪里呢？因此，我们可称后者为流动文艺，而前者为持久的文艺。

八　书中有无穷之乐

买书又有读书的时间，这是最好的现象，但是一般人往往是买而不读，读而不精。

在身体方面，人靠所吃的东西生活；在精神方面，人靠所读的东西生活。要求读书的人记住他所读过的一切东西，就如同要求吃东西的人把他所吃过的东西全都保存吸收一样。身体只能吸收相同性质的东西，同样的道理，任何读书人也仅能记住他所感兴趣的东西，也就是适合于他的思想体系或他的目的的东西。任何人都有他的目的，然而只有很少的人能有类似思想体系的东西。没有思想体系的人，无论对什么事都不会有客观的兴趣，因此这类人读书必定是徒劳无功，毫无心得的。

温习乃研究之母。任何重要的书都要立即再读一遍，一则因再读时更能了解其所述各种事情之间的联系——知道其末尾，才能彻底理解其开端；再则读第二次就犹如在不同的光线中看一件东西一般，在书中各处都会有与读第一次时不同的情状和心境，因此所得的印象也就不同。

作品是作者精神活动的精华。如果作者是一位非常伟大的人物，他的作品就常比他的生活有更丰富的内容，或者至少也能代替他的生活。平庸作家的著作也可能是有益和有趣的，因为那也是他精神活动的精华，是他一切思想和研究的成果，但他的生活际遇并不一定能使我们满意。对于这类作家的作品，我们也不妨一读。高级的精神文化，往往会使我们渐渐达到另一种境地，从此可不必再依赖他人以寻求乐趣，书中自有无穷之乐。

没有别的事情能比读古人的名著更能让我们感到精神上的快乐。我们拿起一本这样的古书来，即使只读半小时，也会觉得无比轻松、愉快、清净、超逸，仿佛汲饮了清冽的泉水那般舒适。个中原因，大概一是由于古代语言优美，再则是因为作者的思想伟大和眼光深远，这样其作品才会虽历数千年却价值无损。我知道目前要学习古代语言已日渐困难，这种学习一旦停止，就会有一种新文艺兴起，其内容是以前未曾有过的野蛮、浅薄和无价值。德语的情况就是如此。现在的德语还保有古代的若干优点，但很不幸的是，有许多无聊作家正在热心而有计划地滥用语言，使它渐渐成为贫乏、残废，甚至莫名其妙的东西。

九　文学史

文学界有两种历史，一种是政治的，一种是文学和艺术的，前者是意志的历史，后者是智慧的历史。前者的内容是可怕的，所写的无非是恐惧、患难、欺诈及恐怖的杀戮等等，而后者的内容都是清新可喜的，即使在描写人的迷误之处时也是如此，后面这种历史的一个重要分支是哲学史。哲学史是这种历史的基础低音，这种低音也传入其他的历史中，所以，哲学实在是最有势力的学问，然而它发挥作用却很缓慢。

就世界历史来说，半个世纪算得上是相当长的时间了，因为历史事件的内容会经常变动。可是相反，在文学史上来说，半个世纪根本不算多长的时间，因为在这段时间内没有什么事件会发生——情形还是和50年前一样。

与此一致的是，我们发现科学、文学和艺术的时代精神大约每隔30年就解体一次。在此期间，每个时代精神中所蕴含的错误会慢慢成熟，而这些逐渐增长的错误和荒谬的压力会摧毁时代精神，同时也助长了相反观点的力量，这样就会突然产生一种思想变动，但是，继之而来的却是另一种的错误。文学史中真实的内容材料，就是要把这种周期性地情形展示出来。

希望有一天有人能写出一部文学的悲剧史，告诉我们，虽然很多国家现在把它们伟大的作家和艺术家引为无上光荣，可是当这些人在世时，它们又是如何对待自己的艺术家的。这个人会说明，各个时代、各个地区的真正优秀的作家,往往要耐心地对抗同时代最坏和最顽固的作家和艺术家。他会描述所有人类真正的启蒙者,即各种伟大的艺术大师的痛苦,他会让我们知道,除了少数的例外,这些人究竟是如何在贫困和不幸中受苦,过着没有赞誉、没有同情、没有门人的生活,而名声、荣誉和财富都被那些无价值的人拥入怀中。这些人的情形和《旧约·创世记》中的以扫相似,以扫和雅各为孪生兄弟,当他外出为父亲击毙野兽时,雅各穿上他的衣服,在家里接受父亲的祝福。然而,这些大师仍不屈不挠,继续奋斗,直至完成其事业。到那时,永不凋谢的桂冠会向他们招手,歌颂他们的时刻也就到来了:

　　沉重的甲胄,变成孩童轻便的衣服;
　　痛苦短暂,快乐无穷。

性爱的形而上学

性爱的形而上学

我们常可从文人的笔下看到对情爱的描述。一般戏剧，不论悲剧、喜剧，浪漫的、古典的，或印度剧、欧洲剧等等，都是以它为主要题材。同样，它也是抒情诗和叙事诗的主要内容，如果再把欧洲文明国家数世纪以来所有的小说列入其中，数目就更大得惊人了。这些作品，依据它们主要的内容来分，也不外是详细或简略地描写激情的各种变化而已，其中较成功的作品还赢得了不朽的声名，如《罗密欧与朱丽叶》《新爱洛绮丝》《少年维特之烦恼》等。

拉罗什富科①曾将这类激情比之于幽灵鬼魅，因为关于它的传说虽然众多，但毕竟无人目睹过它。利希滕贝格也在其论文《论爱情的力量》中，对这种激情的现实和自然的力量都加以反驳和否定。但这两种观点都有很大的错误，因为离开自然或和自然相矛盾的人性，就好像一幅没有参照对象的图画一般。亘古以来，那些杰

---

① 拉罗什富科（1613—1680），法国作家。

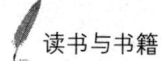
读书与书籍

出文人孜孜不倦地写，而他们所写的重复的题材又总能为人所津津乐道，这不会是没来由的，而且，若没有真理，任何艺术的美都不能存在。布瓦洛①说得好：

　　世上再没有比"真"更美的东西，唯有"真"才是最可爱的。

通常，强烈的情绪尚可压抑得住，但在特殊情况下，激烈的冲动足以凌驾在其他一切客观环境之上，让人放下一切的顾虑，以一种令人难以置信的力量打破所有的障碍，有的人甚至会毫不迟疑地以生命为赌注，以此来满足自己的欲望，如果不能达到目的，就会以身殉之。虽未必每个人都体验过这样的激情，但这是被多少事实证实过的。像维特（歌德名著《少年维特之烦恼》的主角）和雅科波·奥尔蒂斯②一类的情圣不只是存在于小说中，在欧洲，一年中至少有六个人殉情而死，只不过这些人都死得无声无息，他们的烦

---

① 布瓦洛（1636—1711），法国诗人。
② 雅科波·奥尔蒂斯，意大利作家福斯可洛（1778—1827）的书信体小说《雅科波·奥尔蒂斯的最后书简》中的主角，也是殉情而死，同属"维特"类人物。

性爱的形而上学

恼也只有新闻记者或警政机关替他们记述而已。相信读过英、法报纸的人都可证实，我绝未言过其实。同时，我们也不难想象，为此激情入精神病院的人为数一定更多，未经报道而殉情自杀的情侣更会是不知凡几。但他们既是相互爱恋、至死不渝，既是希望寻觅至高的幸福、享受激情的乐趣，为什么不想办法排除困难、继续追求生存呢？为什么只诉诸死亡一途呢？这很让人困惑，我也无法说明个中缘由。

总之，任何人每天总能感受到轻微的激情，或是它的萌芽，除非是行将就木的老人，否则任谁心中都会有那么点情愫，这是不容怀疑的事实。也正因为性爱事件的真实性和重要性是不容任何人怀疑的，所以它才会被文人们引为各种作品的主要题材。

诸位在怪我多管闲事之前（我是哲学家居然以文学家的常用主题为论题），应该更为惊讶的是：何以以往的哲学家竟对这人生的重大事项（即性爱）几乎没有过观察研究？为什么性爱问题一直以来都是哲学领域中未被开辟的园地？

其实，并不是没有哲学家对此进行研究。截至目前，涉及性爱问题最多的哲学家是柏拉图，他的《飨宴》和《斐德罗》就是专为此而撰写的，但他书中的内容总不出神话、寓言的范围，并且大部分只是对古希腊男子性变态的描写，于事实毫无补益。此外，卢梭在他所写的《不平等起源论》一文中，也曾谈到这个问题，但并不充分，且有错误。康德在《关于美和崇高的感觉》一文中的第3节曾就性爱加以解说，只是他的见解也只及于皮相，肤浅得很，加之缺乏专业常识，有些地方难免错谬。还有，普拉德纳尔①在其《人类学》一书第1347页以后也曾论及这个问题，但他的论述毫无可取之处。只有斯宾诺莎所下的定义充满纯朴的味道，倒有引用的价值："恋爱是伴随外在因素的观念而带来的一种快感。"除了这些人之外，再也没有值得我引用或反驳的前辈了。

所以这个问题时时萦绕在我的脑际，最终成为我哲学体系中的一环。但我的见解，对那些正被这种激情所支配的人们，或者企图把自己丰富的感情以最崇高的形式表现出来的人们来讲，必将是不被赞同的，他们一定会认为我的想法太重物质观念，是形而下的，然而就事实来说，我的这个观点才是形而上的，是超绝的。

想想看，这些人现在对着某个对象投射激情，并因此写了情歌或十四行诗，但如果他们早出生18年的话，恐怕这个对象就不会赢得他们哪怕是一眼的关注了。

何以会如此？

---

① 普拉德纳尔（1744—1818），德国医学家兼人类学家。

性爱的形而上学

性爱不仅是在戏剧或小说中表现得多彩多姿，在现实世界中也是这样。但所有的恋爱，不管向外所呈现出的外观是如何的神圣、灵妙，它的根源实际上也只是存在于性本能之中。

除生命外，性本能是所有冲动中力量最强大、活动最频繁的。它占据人类黄金时代"青年期"一半的思想和精力，也是人们努力一生的终极目标；它会妨害最紧要的事件，能使最认真的工作突然中断，甚至连最伟大的思想家有时也会因它而感到短暂的困惑；它会光明正大地闯进政治家的会议室或学者的书房，衙门的公文卷宗或哲学上的原稿中往往被夹入情书、毛发之类的东西。情爱纠纷可以蛊惑人设计出最恶毒的事件来，它会拆散最珍贵的亲情、友情，也可以拆散最强固的羁绊。有时候为了它，人们连牺牲生命、健康或地位、财富也在所不惜。还有，在某种场合，它会使一向正直的人忽然谎话连篇，使秉性忠厚的人变得忘恩负义。总的来说，性爱就像恶魔一样，努力使一切混乱、颠倒。

我们不得不问："造成这些混乱的根源是什么？"答案很简单，不就是汉斯要找到他的格蕾特嘛。

但这一件小事，又为什么能给我们重要的工作和秩序井然的人生带来混乱和纠纷呢？我相信那些认真的研究者将会逐渐寻找到这个问题的答案，那就是性爱并非如最初人们所认为的那样，只是一

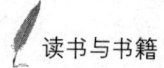读书与书籍

桩小事而已，应该说，它在人的生活中几乎是件头等重要的大事。只有这样定义，才能把它和当事人对待它的认真和热心完全地对应起来。

所有恋爱事件的终极目的，不论最终结果是好是坏，都比人生中其他一切目的更为重要，因此，人们在追求此目的时的态度是非常积极认真的，这完全是因为，由恋爱事件决定的是所谓构成"下一代"的大事件。当我们退出人生舞台时，新登场的剧中人就是由这看似琐细、微不足道的恋爱事件来决定其存在，决定其性质的。也就是说，下一代的存在，是以我们的性欲为先决条件的，而这些人的性质，也完全是由满足性欲时的对象选择规定出来的。

这就是解决问题的关键所在。世间的恋爱各式各样，下自最轻微的好感，上至最热烈的激情，若有人能将这些都调查清楚，就更能充分理解恋爱的目的，并且也可知道，恋爱程度深浅的差异源自这种选择的个性化程度。

现在这一代人的恋爱，其实就是人类为未来一代人的组成做出的思考，而将来的一代人又决定了以后无数代子孙的构成。这件事和其他的事件一样，无所谓个人的幸与不幸，问题只在于将来人类的生存和他们的特殊性质而已。也就是说，恋爱事件所表现出的，是高于个人意志的"种族意志"。正因如此，恋爱带给人的欢喜和

苦痛才会显得超绝平凡，才会令人感动和崇敬，这也是为什么文学家会以此为题材，几千年来毫不倦怠地描述那些爱情故事，毕竟，没有任何其他题材能比它更引起人的兴趣。恋爱关系着全体种族的幸与不幸，它和其他只关系个人幸福的事件的关系，就好像是立体之于平面的关系。所以，没有恋爱故事的剧本，很难激起别人的兴趣，而且正因为恋爱具有上述的特性，所以即使文学家们每天以它为题材进行写作，也绝对写不完。

意识中的一般性欲表现，若不是针对特定的异性，那就只是为他自身着想而已，离开现象来看，那不过是"求生的欲望"（性欲的本能）。但若是性欲的意识向着特定的某个人，则是"传宗接代的生存意志"，这时的性欲，即使是他自身的主观需求，也会巧妙地戴上客观赞美的面具以欺骗意识。这是"自然"为了达到它的目的所采取的策略。不管恋爱看起来是有如何客观而崇高的色彩，它的目的都不外是要生产一个有着固定性质的个体，这可由一件事实获得确证：恋爱的主要目的，不是爱的交流，而是占有，即肉体的享乐。所以，即使确有纯洁的爱，但这爱若缺乏肉欲的享乐，也无法弥补或被慰藉，落到这种境地的人，多半会走向自杀。反之，对某一异性怀有强烈喜爱的人，即便得不到对方的爱，也能以占有对方肉体的方式得到快乐。有许多事可以做这一事实的证明，例如所有的强制婚姻，例如以金钱或物质买来的爱情，甚或是强奸。对于恋爱当事人来说，即使他们还没有认识到"产生特定子女"这回事，但这也确实是他们的真正目的，至于达到此目的的方法，不过是陪衬而已。

那些敏感、自负的人，尤其眼下正陷于恋爱中的人，恐怕会笑我的见解太粗野、太现实。但不管别人如何嗤笑，这都是千真万确的事实，我自信我绝对没有错误。想想看，精确地决定下一代的个体这件事，难道不比他们所夸大的超绝的感情更崇高、更有价值吗？世界上所有的目的中，还有比它更重大的吗？初尝恋爱时的认真，热恋中的缠绵悱恻，以及给恋爱周遭的琐碎事物赋予重要意味，都是在考虑上述目的存在时才能领略出来的，也只有这些现象才能和这重大目的相匹配。唯有把"产生下一代"当作真正的恋爱目的，为获爱侣所费的繁杂劳苦和努力才能和整个事件相称——毕竟这些活动和劳苦，都关系着第二代啊！而这个继起的第二代，在上一代为了性欲的满足而做的准备周到的选择行为中（人们称之为"恋爱"），就已经开始蠢蠢欲动了。

恋人增进彼此间的爱情，不外是希望产生新个体的"生存意志"。不但如此，在情侣们充满爱慕的眼神相互交接的那一刹那，就已经燃起了新生命的火焰，这会告诉他们，这个新生命是个很和谐并且组成良好的个体。为此，他们会有一种想要融合为一体、共同生存的热望，这种热望在他们所产生的子女中得到实现，两人的遗传性质会在子女身上融合归一，继续生存。反之，男女间若难以激起情愫，甚至互相憎恶怨恨，那他们所生出的子女必定也是不健全的。

两性之间具有的强烈吸引力表现在种族中，也不外是"生存的意志"而已。这个意志能够将两性吸引所产生的个体，根据它本身的目的把它自己的本质客观化。这个新个体，意志（即性格）遗传自父亲，智慧遗传自母亲，而且会同时兼容两者的体质。但大致来说，新个体在姿容方面会比较近于父亲，身材大小方面则多半接近母亲。这是根据观察杂交动物后所发现的原则，这个法则的主要立论基础是：胎儿的大小依据子宫的大小而定。

至于各人特有个性的形成，我们还无法说明，对于热恋中的那种特别的痴心和热情，也同样无法说清楚。但我想，这两者本质上应该是一体的，前者是后者所包含特质的外在表现。前面已经谈过，男女以爱恋的眼神相会的那一瞬间，就已经有了新个体的萌芽，当然，这种萌芽也像一般植物的幼芽那样，多半被糟蹋浪费了，以致不成其形。这时的新个体一定程度上就是"新观念"，也就是柏拉图理念哲学意义上的"观念"。一切观念的因果法则，都是贪婪地捕捉分给他们之间的物质时而流露出的非常焦躁的现象，在现象界中，上述人类个体的特殊观念同样也是以最大的贪欲和焦灼来努力实现它自己。

这种贪欲和焦躁，就是将来会成为新个体"双亲"的那对恋人间的激情。这种激情在强烈程度上可分为无数的等级，我们不妨把其中的两个极端分别称为"感官肉欲"和"圣洁的爱情"。其实从本质来看，不论任何阶级、任何程度，所有的激情都是相同的；但若单从"程度"来看，激情愈是"个人化"，就愈能增加力量，换言之，被爱者的一切条件和性质愈能适应和满足爱者的愿望或要求，他们两人间的激情就会越强烈。那么在这种情况下，什么才是最重要的因素？我们继续深入研究当可明了。

吸引异性的首要条件是健康、力和美，也就是说恋爱的本钱是青春，因为意志首先想努力表现的是人类的共同特质，这是人一切个性的基础。一般的恋爱要求不会超出这几个范畴，不过除此外，还须附带几点特殊的要求，而这些个要求是什么，我们将在稍后逐一详加说明。总之，当双方的这些需求都得到满足，激情就会发展到更高的层次，并在二人都觉得相互间非常契合的时候上升到最高，于是，父亲的意志，亦即性格，会和母亲的智慧合二为一，新个体就此诞生。

性爱的形而上学

新个体憧憬着同种族所表现出的一般"生存意志",且这种憧憬又能适应意志的宏大,超越了人心的界限,所以它的动机也就同样超越了个人智慧的范围,这样诞生出来的才是真正伟大的激情之魂。而在诸多的考虑条件之中,恋爱双方越能完全契合,他们相互之间的情热就越强烈。

自始至终,世上从没有条件完全相同的人,在亿万男女中,选择的箭头稍有偏差,就会对子女产生非常大的影响,所以这对男女一定要是最能相配合的,只是两个最相配合的个体相遇的情形非常之少,因此,世上真正缠绵悱恻的恋爱也不多见。但由于这种爱情的可能在每个人心中都存在着,所以,文学作品中关于这类高度的爱的描写,我们都能理解。恋爱时的热情以产生新个体和其性质为中心,所以对于有教养的青年男女来说,若他们在心意、性格和精神方面均能一致,是可以建立完全不掺杂性爱的友情的,不仅不混杂性欲,他们甚至也会在性爱方面产生某种嫌忌。归其原因,也许是因为这样的两个人生育的子女,会具有精神或肉体上的不和谐的性质。总之,他们若结合,子女的生存和资质并不能适合种族中所表现的"生存意志"。相反的,在心意、性格、精神的方向完全相异的男女,由此而产生嫌恶者有之,甚至互怀敌意者亦有之,但也有能产生性爱,因为"性欲"可使当事男女盲目。当然,这种结合不会幸福。

现在，我将进行更深入的探究。一般说来，自私自利是存在于一切个性中的根深蒂固的特点，因此，一件事若要唤起某个人的活动，那它最好对这个人有利。的确，种族比会死亡的个体具有更优先、更密切、更大的权利，但是，当个体为了种族的持续或权威非活动不可或非牺牲不可时，个体的智慧是不能理解该事件的重要意义的，智慧只为个体的目的打算，也就是说，个体的意志绝不会为了适应事件而活动。

在这种情况下，"自然"就得采取一些手段以达到自己的目的。它会给个体灌输某种错觉，把局面改变成"看似是为了个体自身，实际是为了种族"，这样，个体就会在自认为只是为自己服务的情况下，为种族尽力。虽然这种错觉会在事成之后马上消失，但在过程中，它会取代现实在个体的眼前晃动。这种错觉就是本能。在大多数的情况下，我们可以将这种本能视为"种族的感觉"，即它在意志面前展现出了种族的利益，但因为这时的意志是属于个体的，所以本能必须迷惑意志，以"个体的感觉"来知觉种族的感觉伸展出的东西，也就是说，本能让我们自以为是在追求个体目的，实际上却是在追求一般目的。

我们可从动物本能的外在表现中清晰地观察到，本能在动物身

性爱的形而上学

上有着重要的作用，而从我们自身的经验中能够发现，本能运作的内在途径和其他所有的内在活动是一样的。世人常以为人类几乎已经没有什么本能，唯一剩下的大概也只有婴儿吮吸母乳的本能，但事实上，除此之外，还有一个我们非常明了、非常可以确定的复杂的本能得以保留，那就是认真选择另一个个体以获得性满足的本能。

这类性满足，就是以切合个体的要求为基础的肉欲享乐，和对方个体的美丑没有任何关系，因此，对美丑所做的顾虑，以及由此顾虑所产生的其他问题，很明显都不是当事者所关心的。当事者总以为自己关心的重点是"爱不爱对方"，但实际上，他们所顾虑的始终是下一代新生命的问题，因为在下一代的身上要尽可能纯粹、严正地保持种族的典型。虽然由于若干生理和精神上的意外，人的形态会产生种种繁杂的变种，但绝大部分的纯正的典型仍可陆续地恢复。

这是美的意识指导之下的结果——这种美的意识一般都占据在性欲之前，若非如此，性欲就会成为令人作呕的生理需求了。每个人决定"性"的喜爱和欲求的首要条件，是"最美的个体"，也就是最能明晰表现种族特质的个体。第二点条件是"互补"，即奢望对方能够弥补自己的缺陷。所以，一般人往往会把与自身缺陷相反的缺点视作是美的,比如身材矮小的男人希望配个高大的女人,金发的人喜欢黑发的人等等,都出自这种心理。

当男人发现适合自己心意的女人时,常会目眩神迷,然后拼命展开追求,并认为如能和这个女人结合必会是无上幸福,这正是种族的感觉。个体能通过种族的感觉清晰地识别出对方表现的种族特征,并希望将其永远传下去。种族典型得以保持,就是因为这种对美的固执热爱。

在进行择偶时,是以"最完善的种族"为目的的本能在引导人们,但人本身却认为这是在追寻比自身更崇高的快感享受。实际上,唯有如此,我们才能够说明所有的本能都富于教训的理由。

总之,个体是为种族的幸福而活动的。一只昆虫为了产卵,要找寻某种花、果或污物,或者像雌蜂一样去寻找其他昆虫的幼虫,它们在完成这个目的以前,不辞任何辛劳,不惧任何危险,苦心经营。人也是这样,为了性的满足,男人会非常热心地寻找某一特定的、与他相匹配的女人。为了达到此目的,男人往往会抛弃理性——有的糊里糊涂地结婚了,有的付出了财产、名誉甚至生命的代价,有的还做出诱奸或强奸的事来,总之,他们往往会牺牲自身的幸福。冥冥之中似乎到处都高呼着:

要服从"自然"的意志。即使牺牲个体,也要为种族而尽力。

本来,任何情况下的本能,都要听从某种目的观念而活动,但生殖的观念不是这样。"自然"创造本能的时候,不想让行为者了解它的目的,也厌烦个体追究它的目的,所以通常来讲,自然只将本能赋予动物,并且主要是赋予理解力低的最下等动物。

但本文所观察到的情况是,连人类也被赋予这种本能。这是因为,人能理解性爱的目的,但若没有本能的话,人不会热心到牺牲个体的幸福去追求此目的。真相就是这样,和所有的本能一样,"自然"采取了错觉的方式,以此来影响人的意志。

隐瞒男人的是放荡的错觉,因此,他们感到能怀抱中意的女人就是莫大的安慰,进而也就更确信,专一地追求特定个体然后占有她,这样就能获得无上幸福。因此,他自以为是为自身的快乐而进行劳动和做出牺牲,但实际上,他的劳苦是为维持种族的典型,是为给他们两人的下一代赋予生命而努力。这时候,本能的特性充分显现出来,它完全没有目的的观念,也不听从它们行动特性的智慧。

然而,被放荡的错觉所驱策的男人在事后对诱导自己的唯一目的——生殖事件进行回想时，反而往往会感到嫌忌，大部分露水鸳鸯式的恋爱就是如此。因为本能具有上述特征，因此在获得快感之后，任何一对恋人都会体验到一种莫名其妙的失望，并且会惊讶地发现，他们如此热衷的东西，到最后除了性欲得到满足之外，竟然再没有给他们带来别的收获，而性欲的满足本身也并没有什么益处可言。

性欲和人类所有一切欲望的关系，就和种族与个体间的关系一样，都是无限和有限的关系。因为"性欲的满足"本来就是为了种族的利益，所以它不能混进个体的意识中，而个体此时会由于种族意识的激励去牺牲一切、奉献一切，埋首为完全不属于自己的目的努力。在完成伟大的工作后，恋爱中人先前既有的错觉完全消失，于是就会发现自己原来是被种族所欺骗的蠢蛋。所以，柏拉图说话可以说是非常贴切：

肉欲！你欺骗了多少人！

我们可以从侧面，拿动物的本能和其工作欲为例，来说明这些事情。

动物也被禁锢在欺瞒意志的错觉中，它们觉得劳动是为己身的快乐，但实际上却是在以最大的热心和克己之念为种族做出牺牲。鸟类、昆虫会为产卵搜寻合适的场所，还会采集食物，但那不是为自己食用，而是置于卵侧给将来的幼儿食用的。蜜蜂、蚂蚁为营造巧妙的巢，也整天埋头在非常复杂的劳动中。它们无疑是受到错觉的诱导——这种错觉戴着自利目的的面具，实则是促使动物为种族尽力。这恐怕是理解我们自身本能的内在奥秘，即主观运作过程的唯一方法，但从客观的、外在的方面来看，我们不难发现，在受本能强力支配的动物中，尤其是在昆虫中，主观的神经节系统比客观的脑髓系统更要优先。

从此事实来推断，它们没有客观正当的理解力做引导，神经节系统对于头脑的作用，都是由纷至沓来的主观愿望所推动的，也就是说，它们都是被错觉驱策的。一切本能的生理经过大概都是如此。人类的本能虽然微弱得多，但也有特殊的情况，我再以孕妇反常纷乱的食欲为例进行说明。为了胎儿的营养，流入胎儿的血液有时必须要发生一些变化，因此孕妇会产生一种错觉，变得忽然渴望起某种食物来。

所以，女人又比男人多具一种本能，同时，女人的神经节系统也远比男人发达。人类的本能确实比动物少得多，但比较起来，这一点点本能却比动物更容易带来误导。本能中引导人们选择配偶以满足性欲的是"美的意识",但有时它会把人引导到同性恋的路上,这就完全是将人导入歧途了。苍蝇听凭它的本能,在污秽的腐烂物上产卵,也是同样的情况。

我们还可以更精细地解剖本能,根据解剖的结果我们可以确证,性爱本能的根本是完全朝向"新生命",即子女的。

首先,就本性而言,男人在恋爱时是善变的,女性则倾向不变。男人的爱情在获得满足后,激情便会显著下降,同时会觉得几乎大多数的女人都比自己的妻子更具有魅力,更能吸引他。总之,男人是渴望变化的,而女人的爱情在获得满足的瞬间却开始上升,这是根据"自然"的目的所产生的必然结果。"自然"要维持种族,就必须尽可能地大量增殖。如果男人可以随心所欲和不同的女人交合,一年中可制造百来个子女,但不管女人有多少情夫面首,一年间也仅能生育一个孩子(双胞胎例外),所以,男人经常需求别的女人,而女人只有老老实实地守着丈夫。"自然"创造女性,是为给将来的子女保留抚养者与保护者,这是本能,不必经过思虑。所以,所谓的贞操观念,对男人来说要人为克制,对女人来讲则是顺其自然。不论就客观的结果,还是就主观的反自然现象来说,女人通奸比之男人,都更难以被宽宥。

从客观来看,男女两情相悦实际只是本能的伪装,换言之,也就是努力维护自己"型、态"的种族感觉而已。我们很了解它的根由，为了得到充分确定的证据，我想对细节逐一进行分析。

指导我们"相悦"的诸多顾虑条件和值得一谈的琐细项目，即使在哲学著作中也是洋洋大观、不胜枚举的，但我们可大致将它们分为三大类：

第一，是直接关系种族典型，即关于"美"的条件；

第二，是关于精神性质的条件；

第三，是互相对称的条件，即两个个体中某一方的偏颇和异常，需要得到另一方的订正和中和。

以下，我将逐一加以说明。

第一个，指导我们选择和爱好的最高原则是"年龄"。大体来说，女人从月经开始至停经的这段时间，可视为性爱的适龄期，其中，18岁至28岁间是黄金时期。上述年龄以外的任何女人，都无法吸引我们，已停经的女人还会让人嫌恶——年轻而不漂亮的女人多少还会有吸引力，反之，迟暮美人则完全没有吸引力了。很明显，此时潜意识中引导我们进行选择的是"生殖能力"。我们可以说，一切个体，离开生殖受胎最适当的时期越远，就越会失去对异性的吸引力。

第二个顾虑条件是健康。急性疾病不过是一时的搅扰，慢性疾病或体质孱弱之类的却会使我们望而却步，因为这类疾病会遗传给子女。

第三个顾虑条件是骨骼，这是构成种族之"型"的基础。除年老和疾病外，再没有比不恰当的身材更令人讨厌的了，这是再美的容貌也无法弥补的。反之，若身材匀称，即使容貌丑陋，也会有吸引力。我们对骨骼结构的不调和感受极敏锐，例如，矮胖、短腿、跛脚的女性，都让人大倒胃口，而身段特别美好，则可以补偿其他的缺点，有蛊惑男人的魅力。

与此有关的是，一般男人喜欢纤细的脚，这一点在审美标准中占相当重的分量。没有任何其他动物的跗骨和跖骨会比人类更小，这和人类得以直立行走有密切的关系，可以说小足是人之所以为人的主要特征——"人是跖行性动物"。

所以，席拉克[①]也这样说：

> 女人身材窈窕，又有一双美好的脚，就像银柱脚之中的黄金柱。

[①] 席拉克，犹太人，公元前二百年左右在耶路撒冷以希伯来语编撰《道德训集录》，后来，他的孙子又把此书译为希腊语。

牙齿也非常重要，它是吸收营养的必要工具，并且又具遗传性。

第四个条件，是肉体的适度丰满，这表明胎儿会得到充分的营养，所以瘦骨嶙峋的女人惹人嫌恶。再说，女人丰满的乳房对男人也具有非常的魅力，因为它直接关联女性的生殖机能，它告诉男人，新生婴儿能够由此得到丰富的营养。但话说回来，太过肥胖的女人也同样令人嫌弃，因为这种体质多半表示子宫萎缩，是不妊的预兆。这情形不必用头脑去判断，本能自会告诉我们。

最后的条件才是容貌美丑的问题。

关于容貌，我们最先观察的是骨骼部分，第一印象当以挺俊的鼻子为主，若鼻短而塌，则一切免谈。自古以来，向上或向下弯曲的鼻子，不知决定了多少少女一生的命运。这是关系种族典型的大事，关心这一点实不足怪。由小颚骨所产生的小嘴巴，是人类容貌的重要特质。向后凹下的下颚特别令人憎恶，因为稍微前突的下颚才是人类专有的特征。最后要谈的是美丽的眼睛和前额，这和人的精神特质相关联，尤其是关系着由母亲遗传而来的智慧性质。

站在女性的立场上详详细细地列举出女人潜意识中遵奉的选择条件，那当然是我无法办到的，但大体说来，一般应有下列几点。

第一，女性喜欢30岁至35岁间的男人。本来，人类美的顶点是青年期，但女人反而喜欢上述年龄的男性，这是因为引导女人选择配偶的不是趣味，而是本能。本能告诉她们，那个年龄段的男人处在生殖力的顶点。一般说来，女人对男性的美，尤其是颜貌的美，几乎"视若无睹"，那大概是因为子女的美丑问题只与母亲的遗传有关，而男人的力气和勇气才是俘虏女人之心的主要条件，因为这两者才是能够生育健壮的子女和给予子女保护的关键。男性的生理缺点，或者说"型"的缺陷等等，由于女性自身或许也具有相同的缺点，或者刚好具有能够消弭其缺陷的优点，因此女人在为生育子女选择配偶时都可将它们排除，毕竟男人的缺陷不致遗传给子女。但是，那些不能由母亲赋予子女的、男性所特有的因素，则会被格外重视，例如骨骼结构、宽广的肩膀、坚狭的臀部、笔直的腿、力气、勇气和胡须等等。所以，女人往往爱上其貌不扬的男人，但绝不会爱没有男子气概的男人，因为她们无法中和男人在这方面的缺陷。

　　第二类顾虑条件是有关精神性质的。关于这一点，我们发现了一项事实：女人完全受男人的性格特质，即心的特质所吸引，因为这些遗传自父亲。猎取女人欢心的要素大概是：坚定的意志、果断勇敢的个性，以及亲切、正直的品质等等，反之，智慧上的优异对女性不发生任何直接或本能的力量，因为这些并不是由父亲所遗传的。女人并不在乎男子是否缺乏理解力，她们反而认为卓越的精神

性爱的形而上学

力和天才是一种变态，将带来不幸的结果。因此，丑陋、愚蠢、粗野的男人往往会击败聪慧、有修养、可爱的同性，独获芳心。出于爱情的结合，精神性质方面也往往完全互异，例如有的丈夫粗野、壮硕、见识浅薄，而妻子却娇柔善感、思维细腻、有修养、有审美观念；或者有的男人是学者、天才，而妻子则没什么文化。

爱神维纳斯常爱把不相似的两个形体和精神紧紧地联结在一起，因为恋爱并不依靠理性智慧，而是由与理智性质相异的顾虑条件，也就是本能所支配。结婚的目的，不是为夫妻间充满情趣的交谈，而是为制造子女。结婚不是心与心的结合，而是身体和身体的结合。

所以，女人若是褒奖男人的精神优点，那只是虚假可笑的敷衍，要不然就是本能退化后的夸大其词。男人则相反，他们本能的爱情不是受女人的特性特质所影响，所以许许多多的"苏格拉底"才会娶到他们各自的"冉蒂佩"①，其他如莎翁、丢勒②、拜伦等也是一样。但是，因为智慧是由母亲所遗传的，女人的智慧在这里就发生了作用，并且相较而言，它的影响力还超过肉体之美，虽

---

① 冉蒂佩，苏格拉底之妻，是个缺少理性且泼辣的悍妇。
② 丢勒（1471—1528），德国画家与雕塑家。

然肉体之美也很重要，也能发生直接的作用。

有的母亲也曾意识到智慧的作用，因此她会让自己的女儿学习艺术或各种语言，以便吸引男人。这是以人工手段来弥补智慧的不足，其道理和以义乳、义臀来增加女性的魅力相同。

但这里所要讨论、并且希望读者谨记勿忘的是，不论什么人恋爱，只有从体型相貌中才能产生直接和本能的吸引力。有教养的贤明女性或许会注重男人的才智和精神优点，而男人出于理性熟虑，也许会试验或观察他的新娘的性格，在结婚时，这些事情可成为"理性选择"的基础，但这和我们的论题"激情的恋爱"没有关系。

到此为止，我单就"绝对的考量条件"，也就是切合大众的顾虑条件进行了观察，以下，我们将谈谈有关个人的相对条件。这类考察条件的目的，是改良那些既已显示出缺陷的种族之"型"，使现在已出现的被破坏了的、不完全的"型"得到订正，从而还原纯正典型。正因如此，每个人都会对自身所缺乏的东西产生偏爱。以这种相对条件为基础的选择，是从个人的资质出发，并以个人的资质为目标的，故较之上述以"绝对条件"为目标的各种条件，它更确定、更明白，也更具排他性。真正激情的恋爱，多半源自这种相对的考察条件，而平凡、轻微的爱情源泉则出自绝对的考虑条件，所以，点燃激烈的爱情之火，通常不需要什么纯洁无瑕的女人。建立真正激情的恋爱就像酸和碱化合成为中性盐所发生的"中和作用"。

激发真正激情的恋爱，主要有下列几点因素：

首先，任何人在性方面都有偏缺，或过于阳刚，或偏于阴柔。如果将某人的偏缺与他人的比较，就可清楚地发现它的存在了。这种偏缺如能从某个异性身上得到良好的补偿，就会产生中和作用。想要补充修正新生个体的人类典型，就必定需要找到与他自身相反的那个偏缺。

生理学的研究表明，一个人身上所具有的男性特征和女性特征是有无数程度、无数阶段的。如果一个男人的男性特征下降至低等的阶段，那么他会变成令人作呕的两性人和畸形人，同样的，如果一个女人的女性特征下降至低等的阶段，她就会变为粗犷爽朗的"假男人"。这两种情况都能达到完全的"阴阳体"，始终保持中性，因此无法进行生育。我们现在讨论的所谓两个个体的中和，是因为恋爱双方某种程度的男性化性质，适合于某种程度的女性化性质，如此，双方面的偏畸才能相互抵消。所以，最男性化的男人追求最女性化的女人，反之，没有须眉气的男人就要找刚健的女人。

这样一来，所有的个体在"性的程度"中都能找到适合自己的对象。那么两人之间，到底需要什么程度的比例呢？那是由各人的本能来决定的，而且这也和其他的"相对的条件"一样，是培养高度爱情的根基。所以，恋爱中人虽自称彼此是在进行"心灵的调和"，但大多数场合，这种调和都只是为新生子女的健全问题，再说，这也很明显地比心灵调和的问题更重要。

至于心灵的调和，在结婚不久后，往往就变成严重的不调和了。在这里，还掺杂他种的考察条件，这个条件是为了不使个体的弱点、缺陷及"型"的破坏永远停留在下一代身上，或者是为避免产生变态，所以借助别的个体力量来排除这些缺陷。以此事实来论，男人的体质越瘦弱，就越想找个健硕的配偶，女性方面的要求亦然，但因女人的体力本来就较弱，所以她们通常都会喜欢手大臂粗的壮汉。

其次，是体格大小的问题。不论男女，娇小玲珑者都对高大健壮者具有特别的好感。有些矮小的男人，也许他的父亲长得很魁伟，但他却遗传了母亲娇小的体型，因此他对高大女性的憧憬会更为激烈，因为他相信，从父系的血脉可以供给魁健的血液。高大女性之所以对高大壮汉不感兴趣，是基于避免产生"巨人症"的"自然"意图，因为女性的本能知道，这样的人虽可生长，但他或她的生长确实会很艰难。但如果一部分这类女孩为了在社交场合中显得神气，而选择了一个高大的丈夫的话，那么她们的子孙就要承受此愚行带来的恶果了。

此外，对肤色的顾虑也具有决定作用。白种人多半喜欢黑色或褐色皮肤的配偶，但黑色或褐色皮肤的人要求白皮肤的人为配偶的情形却不多见。原因在于金发碧眼是变种，应该说是一种变异，这就好像原本并没有白鼠和白马一样。欧洲以外的任何地区都没有土生的白种人，连极地附近也没有，只有欧洲才有土生的白人，很明显，白种人应该是发源于北欧斯堪的纳维亚。

在这里，我顺便谈谈我个人的意见。本来"白"并不是人类自然的肌肤颜色，我们的祖先原来与印度人一样是黑色或褐色皮肤的，所以说，白种人不是从原始自然的怀抱中孕育出来的。通常我们虽把"白种人"叫得非常顺口，但"白种人"实非人种，而是褪了颜色的人。我们的祖先闯进冰天雪地的北地，像被移植到这里的热带植物一般地求生存，也像这些植物一样，他们在冬天时需要"温室"。如此过了几千年，人终于褪成白色。

四百年前移居到欧洲的吉卜赛人，他们原是印度人种的一支，如今他们的肌肤颜色介于印度人与欧洲人之间。所以，"自然"在性爱事件中也努力回复到原始的黑发棕眼，但白色的皮肤，仍是第二"自然"。当然，印度人的褐色皮肤，也并不使我们觉得讨厌。

最后要谈的是，不论肉体的哪个部分有缺陷或种型的损坏，各个个体总是会对其进行矫正，有缺陷的部分愈重要，为矫正它所做的努力也就愈激烈。所以，当狮鼻的人追求到一个鹰鼻或鹦鹉鼻的人，就会感到一种无法言喻的满足。至于身体的其他部位，也是如此。躯体和四肢的构造过度瘦长的人，看到五短身材的异性也会觉得美。

关于气质的考虑条件也与此类似，人们一般都喜欢和自身相反的气质，但问题在于你能否彻底了解对方的气质。在某部分非常完全的人，当然不会追求或爱上同一部分不完全的对象，但比之其他人，他对这方面的缺陷会更不留心，这倒是真的，因为他不必担心这部分会让子孙不完全。例如，皮肤极白皙的人看到黄皮肤往往感到憎恶反感，但黄肤色的人看到那欺霜赛雪的皮肤，往往会觉得对方美如天仙。男人爱上极丑陋女孩的情况虽不多见但也有，出现这种情况是因为除了上述的两性间部分特性相互弥补会产生爱情之外，女性的整体上的缺陷也会与男性的总体特性互相中和，这种情况下产生的恋情会相当激烈。

我们对女人品头论足，对中意的女人慎重批评，在女人中东挑西选，对未婚妻敏锐观察，不论哪一方面都准备得周周到到，以防会因一时不查而被骗，或者是对女方的重要部分给予了过分的或不足的关注,而女人对男人也一样会进行仔细观察。凡此种种,都完全和恋爱的最终目的相呼应。因为生产新生子女的大权全掌握在恋爱中人的手上,所以下一代一辈子都要带着和他们的父母相同的特质。例如,女人虽只稍稍驼背,她的子女却很容易患佝偻病,其他部分也有类似情形发生。

当然,当事人还没有有关这些事情的意识,相反,他们还以为如此繁复困难的选择只是为了满足己身的性欲呢,但实际上,性欲与此一点儿关系也没有。不过,这种以本身体质为前提的选择恰与种族的利益相吻合,他们无意识中所做的努力,为整个种族尽可能地保持了纯粹的典型。在这里,个体虽然自己毫无所觉,但他们的行动实际上是受到了一种高于他自身的种族命令。

初次会面的两位年轻异性,在他们彼此间下意识所做的深刻观察中,在所投射的直欲深入肺腑的探究眼神里,在对对方容貌和身体各部分的细心观察中,都有某种特别的东西存在,那就是种族的守护神。守护神会考察男女双方的性质能否产生符合种族典型的个体,并由此来决定他们相互中意的程度及相互需求的强度。这种相互需求的心理在上升到顶峰之后,就会由于突然发现之前未曾注意过的某种事情而消失。

如此这般,凡是有生殖能力的动物都有种族守护神,它的职责就是思考种族未来的下一代的问题。爱神丘比特不停地奔波劳动，不断地观察思考，他所从事的大事业，也是为了未来种族的构成。

与种族守护神和丘比特的工作的重要性相比，个体事件就显得微不足道了，因此，丘比特任何时刻都想不客气地牺牲这些渺小的个体。丘比特和个体间的关系，一如不朽的东西和易朽灭的东西；个体的利害与丘比特的利害相比，就像有限之于无限。因此，丘比特根本无暇顾及个体是幸还是不幸，他只自觉任重道远，所以，不管战争如何骚扰，生活如何混杂，或者瘟疫如何盛行，丘比特都以超然的态度来执行自己的任务，有时为彻底执行自己的工作，甚至也会闯到寺庙、教堂、禅房这样的世外之地去。

为了能尽可能地完全再现种族的典型，在两个个体的结合中，一方可以弥补另一方，同时后者会排斥其他人而独独要求前者。由此可见，两性恋情的程度是随着当事人的个体化而增进的。在这种情势下，必会引起强烈的激情，它只针对一个对象，而由于对象的专一，且这是接受种族的特别命令的表现，激情也就带上了一层崇高可贵的色彩。

由此我们可以断言，纯粹的性欲是野蛮、卑鄙的，因为那是没有任何个体化的、漫无目标的泛滥的爱情，它完全不顾及质的问题，只是在量的方面努力维持种族。与之相反的，性爱的个体化和

性爱的形而上学

它所带来的恋情则上升到了最高程度——如果没有满足这类恋情的话,世界一切的珍宝和生命都将丧失其价值。此时,这种激情达到了其他愿望所不能企及的程度,它可以使人毫不犹豫地做出任何牺牲。甚至会使人陷入疯狂或自杀殉情。造成这种过度激情的症结,除了上述考察性爱对象所做的诸项顾虑条件之外,还有其他原因,只不过这些原因也和前述诸条件一样,不是明摆在我们眼前的。

所以,我们只得做这样的假设:在这种情况下,不但是男女双方的体质,就连男方的意志和女方的智慧,也都得特别的契合。这样一来,被种族的守护神所看准的某个特定的个体,就只能经由他们两人才能产生出来。但是,这个理由是我们的思想无法企及的,因为它存在于物自体的本质中,更严格地说,那是此时的"生存的意志",要求自己在这一对夫妻所生的特定个体中得到客观化。

意志本身所有的这种形而上的欲求,在茫茫人海中,除了能在即将成为父母的人心中活动外,再也没有其他的活动范围了。因此,这对未来父母的心被此冲动所捕捉,这使他们一方面想追求形而上的目的,追求存在于实际事物以外的目的,一方面又想追求自己所希望的东西。所以我们可以说,那个可能出世的未来个体是在万物起源的冲动下产生的。在现象界中,唯有有此冲动,这对未来的父母才能无视周遭的万事万物,对对方产生崇高的激情。

111

恋爱中的男性为求一亲芳泽，在这种无与伦比的错觉的作用下，就会产生一种纵使抛弃世上所有的财富也在所不惜的心理。但对男人来说，热望和某个特定的女人同衾而眠，实际上也同和其他任何女人共枕没有太大的差别，因为不论对象是谁，都不外是肉体结合与生育，除此外再无别的好处。不过不管怎样，能够亲近那个特定的女人都是男人所期望的。但有一个令他自己都会感到惊讶的事实摆在那里，那就是他对这个女人的强烈激情和其他的激情一样，在享乐完了得到满足的同时，就会立刻消失不见。这种激情也可能会因为女性的不孕（据胡斐兰德①说，妇女不孕，十有八九都是由偶然的体质缺陷所产生），不能达成男性形而上的生育目的而消失。

　　每天都有几千几万的萌芽被浪费，这些萌芽将会遭遇枯萎的厄运。实际上，它们也很努力地想在生存中表现形而上的生命原则，但无奈总是无法达成目的。我们只能这样安慰自己：对于"生存的意志"来说，空间、时间和物质的范围是无限的，所以萌芽可以继续等待，以求打开僵局，另谋发展。

---

① 胡斐兰德（1762—1836），德国医学家。

帕拉西尔苏斯①虽然不曾讨论过这些问题,我的思路也和他的完全不同,但这里所陈述的意见,也许会首度和他有点儿相似。因为他在随笔中,曾写下这样几句值得我们注意的话:

世上有的是由神的意志而结合的人。

例如大卫王和乌利雅斯之妻②。

这虽和正式合法的婚姻相抵触,

但若不这样,

就无法产生所罗门。

巴德瑞芭虽成淫荡之女,

但那是因为神为了所罗门,

联结了他们两人的关系。

爱情带来的渴望可以用许多的形式来表达,自古以来的文学家都将它当作他们创作的内容,但显然,他们的描写还不够细致

---

① 帕拉西尔苏斯(1493—1541),瑞士化学家,兼通医学,并研究神学。
② 乌利雅斯,为大卫王手下大将,他受大卫王挑唆,与自己的妻子巴德瑞芭离婚。之后大卫王将他杀死,娶了巴德瑞芭为妻。

入微。

众所周知，这种渴望的结果有两个，一个是占有某特定的女人后的无限幸福感，另一个则是不能得到这个女人而产生的无以言状的悲痛。爱情的渴望和悲痛并不是源自存在一时的个体的欲望，而是种族灵魂的叹息，是种族看到自身的繁衍目的或是得偿所愿，或是错失良机而发出的深深叹息。种族有无限的生命，所以它才有无限的愿望、无限的满足和无穷的悲痛，但此时，这些东西被禁锢在生命有限的个体，即人的狭窄的胸中，于是我们只看到这小小的心胸被无限的欢愉、无限的悲伤装满，胀得几乎破裂。尽管如此，人们却也找不出适当的词汇来表达心中所感。所以，它成了所有伟大的、描写恋爱的文学作品的素材，这些文学作品也因此超脱一切尘俗的境域，上升到一种高超的境界。

这是彼特拉克抒情诗集的主题，也是"维特"或雅科波·奥尔蒂斯等小说的题材。除非我们用上述这样的理由进行解释，否则，实在很难理解这些作品中人物的所作所为，因为若论精神上的优点，即客观实在意义上的"优秀"，女人实在不值得我们那样热爱和尊重。同时，正如彼特拉克作品中所描写的情形一样，男人也往往不能十分精确地了解女人，唯有种族的灵魂，才能在一眼就看穿某个女人对男人来讲具有怎样的价值，以及她是否能满足这个男人的种族目的。一般来讲，激情都是在初相见时发生的，莎翁说得好："恋爱中人，哪一个不是在一见之下钟情的？"

关于这点，阿勒曼①风行250年的著名小说《亚尔法拉施的无赖汉古兹曼传记》中有一段话，也值得人注目：

> 为了爱情，不必费太多的时间、太多的心思去考虑和选择，只需要在最初的一瞬间，男女双方能产生某种适应和一致就行，这就是通常所谓的"心灵感应"。在这方面，人们习惯于被星辰的特别影响所驱策。

所以对正在热恋中的人来说，自己的恋人为情敌所夺取，或者因死亡而消失，是最令人痛苦的事，因为失去恋人的损失是无法估计的，它不仅关系到个人，也关系到个人的长久本性和种族的永恒生命。陷入爱情，是接受种族特殊意志的委托，因此，把爱人让给别人，是一个人能做出的最大的牺牲。英雄虽不耻一切哀叹，但恋爱的叹息除外，因为这时悲泣的不是英雄本人，而是他的整个种族。

---

① 阿勒曼（1547—1614），西班牙小说家。

读书与书籍

在卡尔德隆①《伟大的泽诺比娅②》的第2幕中，德修斯曾对泽诺比娅这样说：

你是真爱我？
我多么荣幸！
这样，我可放弃成千上万的胜利，
回到你身边。

这个事例中表现出的是性爱，即种族的利益的问题。一旦性爱在人的眼前展现出明确的可能性，它就会立刻击退包括名誉、成败等等在内的一切利害得失。个体的利益虽然重要，但种族的利益远胜于它，因此，名誉、责任、诚实等精神虽足以抗拒其他所有的诱惑甚至是死亡的威胁，但面对种族利益，也只有臣服而已。在私生活方面，能一直秉从道德的规范去做的人也不多见，连一向正直、讲义气的人，此时也往往会不顾一切。我们不难发现，当面对激烈

---

① 卡尔德隆（1600—1681），西班牙剧作家。
② 泽诺比娅，古代巴尔迈拉国的女王，曾侵略叙利亚，公元270年被罗马军团俘虏。

的性爱，即种族利益的时候，连通奸这样的事情他们也会毫无忌惮地去做。不仅如此，他们似乎还会意识到，自己这么做是为种族的利益，这比起只是为个人利益的行动而言具有更高的权利，因而他们能更心平气和地干那违反道德的大事。

关于这一点，商福特①的几句话说得好：

热恋时的男女，不管遭遇什么样的阻碍（例如丈夫或父母亲），也不拘法律和习惯究竟如何，他们照样会自然相爱。

我常想，大概是神使他们相互结合的罢！

对这一点表示愤慨的人，不妨先去翻翻《圣经》，在里面，救世主对通奸的女人显然也采取了宽大的态度。《十日谈》②的绝大部分，就是根据这种观念而写的。种族的守护神坐在它那高高的宝座上，对被踩在自己脚底下的个人权利发出轻蔑的嘲笑，而当阶级、贫富的悬殊等等成为反对热恋中人结合的理由时，种族的守护神同样也可轻而易举地将它视为毫无价值、毫无意义的东西。种族

---

① 商福特（1741—1794），法国作家，悲观主义者。
② 《十日谈》，中世纪意大利作家薄伽丘（1313—1375）的名著。

的守护神存在于无限的世代中,一边追求自己的目的,一边把人为的种种顾忌和古板的教条,都像吹稻壳一样吹掉。

基于这样深藏不露的理由,不管有何危险,只要那有关恋爱的激情目的,人们都会欣然接受,就连平素很害臊胆怯的人,在这个当儿也会变得勇敢起来。在戏剧或小说中常会有这样的故事:年轻人为了恋爱事件,即为了种族利益而战,最终击败了只以个体幸福为念的老一辈人。当我们看到这些时,总会感到无比高兴,因为正如种族比个体更重要一样,相爱双方的努力,也比任何反对他们的因素都显得更重要、更崇高、更正当。

几乎所有喜剧的主题,都是在反对人们的个人利害,故事中,种族守护神会破坏那些以己身利益为重的人的幸福。这就是由所谓"文学的正义"来贯彻种族的目的,它能使观众获得满足,因为观众也感觉种族的目的比个人利益更深远重大,因此,观众都希望能在喜剧终了看到相爱者终成眷属。观众会和这些相爱中的人一样产生一种错觉,那就是他们的成功结合奠定了自己幸福。但实际上,恋人们是牺牲自己的幸福,回到用意深远的种族意志的怀抱,为种族的幸福服务。

极少数反常的喜剧会试图将这两者颠倒,即让主人公牺牲种族利益去换取个人的幸福,然而在这种情况下,观众往往会感受到和

性爱的形而上学

种族守护神一样的痛苦，因为个体利益的满足并不能给人安慰。就我所知，有两三本著名的小说属于这类作品，如《十六岁的女王》或《理性的结婚》等。在将恋爱事件处理为悲剧的作品中，种族的目的都没有达成，所以做道具的一对恋人也就随之灭亡了，《罗密欧与朱丽叶》《坦库列德》《伦加尔洛斯》《威廉斯坦》《美西娜的新娘》等都属于此类。

人在恋爱的时候，往往会做出滑稽的或悲剧的事来，那是因为当事者已被种族意志所占领、所支配，不再是原来的他了，所以他的行动和一般个体的完全不同。随着恋情的进展，人的思想不但会变得非常诗化和崇高，而且也会具有超绝的、超自然的倾向。正因为有这种倾向，所以恋爱中的人看起来也就完全脱离了人类本来的、形而下的目的。造成这一切的根本原因在于，个人受到了种族意志的鼓舞，知道种族目的远比个体事件重大，之后他又会受种族的特别托付，开始制造完全个性化、有一定构成的子孙，这就使他摇身一变成为"父亲"，他的爱人则成了"母亲"。这一切完全都是特定的。

带有这种超绝的重要价值参与事件活动的感觉，使陷入情海中的人显得不同流俗，而他们非常形而下的欲求，也被穿上了超越凡俗的衣服。为此，即使最无趣的人，恋爱也会变成他生活中最富诗

119

味的插曲，只是当这种情况出现时，恋爱事件才往往会带上喜剧的色彩。被客观化的种族意志表现在恋爱中人的意识里，让他们产生了和爱侣结合可以得到无限幸福的错觉。恋情进展到新的程度时，这种幻想会迸发灿烂的光辉，但如果恋情不能顺利地进行，他们就会顿感人生索然无味，甚至连生命也丧失了所有的魅力，这样轻生自杀的事情就发生了。这种人的思维已经完全被吸进种族意志的旋涡中了，或者说，在他们的身上种族意志以绝对优势压倒了个人意志，所以，他们若不能完成种族意志，也就会拒绝为个人利益而苟活。这样的个体作为种族意志的容器来讲，未免太过脆弱，所以，"自然"为了挽救人的性命，便在这种陷入绝望状态的意识上覆上一层所谓"疯狂"的面纱，否则一旦他们得不到满足，就势必会发生自杀殉情的惨剧。在社会上不同年龄的各色男女身上都经常发生这样的事，这已足可成为上述解说真实性的证明了。

  话又说回来，并非只有不能达成的恋爱才会导致悲剧，那些得到满足的恋情，其不幸的收场恐怕也要比幸福的还多，这是因为激情所要求的往往和当事者个人的利益发生剧烈冲突，这些要求会和当事人所有的事情都不能相适应，破坏了建立在这些事情上的生活计划。并且，恋爱不但常常与外部的事情相矛盾，连和恋爱者自身的个性也会有矛盾，因为离开性的关系来观察恋爱对象，有时甚至有憎厌、轻蔑、嫌恶的感觉。

但是，由于种族意志远比个体意志强烈，所以恋爱中人对对方的嫌忌往往会闭着眼睛毫不理会，一心只求与对方永远结合。恋爱的幻想就是这样让人盲目，但在种族的意志完成任务之后，这种错觉就会立刻消失，只留下让人讨厌的终生负担。一个非常理智又优秀的男人，却往往会和一个唠叨的女人或悍妇结为夫妇。我们不禁感到奇怪："为什么这些男人竟做出这样的选择？"而上述的说明，可给大家满意的答复。

因此，古希腊、古罗马人常说，爱情的表现是盲目的，不但如此，陷入情网的人，虽明知意中人的气质或性格有令人难以忍耐之处，会使他将来的生命痛苦，但却从不会畏缩退却。

你的心中是否有罪？
我不想去探寻，也毫无所觉。
不管你是怎样，
我只知道爱你。

因为恋爱的人所追求的不是自己的利益，而是关于种族，关于将来的新生命的，虽然当时是错觉包围着他们，让他们自以为是在

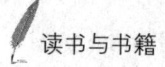 读书与书籍

追求自己的目的。不管何时何地，这种不追求个人私利的行为都是伟大的，所以激烈的恋情能被赋予崇高的色彩，也能成为文学歌颂的题材。

最后，性爱也有让本该势不两立的对象之间和平相处的现象，柏拉图把这种情形比拟成狼对羊的恋爱。这种状态完全是一厢情愿的，一方爱得如醉如痴，尽心尽力，另一方却充耳不闻，丝毫不为所动。这时，莎翁所说的情况就出现了：

"我爱你，也恨你！"（莎翁名剧《辛白林》第3幕第5景的情形）

这种又爱又恨的心理，往往造成杀人继而自杀的局面，我们每年都可从报纸中发现许多这种事件。歌德说得好：

被拒之恋，如置身地狱之火中，我不知道是否还有比这更严重的情形？

恋爱中的人把对方的冷酷态度和对方从自己的苦恼中获得虚荣心一事称为残忍，真是一点儿也不夸张。因为彼时他已被类似昆虫

性爱的形而上学

本能的冲动所支配，这种冲动会让人忽视理性的分析，无视周遭的事事物物，只知要追求自己的目的，毫不放松，更不会放弃。

恋爱的热情未得到满足，就像脚上拖着沉重的铁块，从此在人生旅途上踽踽独行。在寂寥的森林中长吁短叹的，绝不止彼特拉克一人，只是有这烦恼又具备文才的只有彼特拉克而已。歌德的美妙诗句"人为烦恼所苦时，神便赐予他表达的力量"，正是彼特拉克的写照。

实际上，种族的守护神和个人的守护神无时无地不在争斗，前者是后者的迫害者和仇敌，它为了完成自己的目的，时时刻刻都在准备破坏个人的利益，有时连人民全体的利益也会变成它的牺牲品，莎翁《亨利六世》第3部第3幕的2、3场就是这样的例子。所有这一切都是因为我们的本质根植在种族中，所以种族具有优先权。我们的祖先很早就发现了个中道理，于是把种族的守护神丘比特人格化，虽然他的形象是个天真无邪的小孩子，但实际上他却是个残酷的、充满敌意的、吹毛求疵的恶神，也是个专制的、反复无常的恶魔，同时又是掌管着诸神和人类的主人。

希腊俗谚说得好："爱神厄洛斯[①]啊！你是统治诸神和人类的

[①] 希腊的Erōs即罗马的Amon，恋爱之神。

暴君！"

杀人的弓箭、翅膀以及盲目，这是丘比特的特征。翅膀象征恋爱的无常不定，但这里的不定，通常是在满足恋情后产生幻灭感觉的同时才表现出来的。

恋爱的激情依赖着一种幻想，这种错觉能使只对种族有价值的事也显得有利于个人。所以，造化的欺骗在种族的目的达成后就不需要存在了。个体被种族意志遗弃后，又回复到原来狭隘和贫弱的状态，回顾过往，才知道自己费了偌大的气力，经过了长期的努力，结果除了性的满足外，竟然没有任何其他收获，而且和预期相反的是，个体也并不比以前幸福，于是他们发现自己被种族意志欺骗了。所以，珀尔修斯遗弃安德洛墨达①一点儿也不足为怪，而如果彼特拉克的热情曾得到满足，他的诗歌也该像产卵后的母鸟一样，从此戛然而止，沉寂无闻了。

在此一提，我的这篇《性爱的形而上学》对目前正卷入激情欲海中的人来说，可能非常不中听。一般人总认为恋爱结婚是基于理智的选择，但"理智"两个字实不足以解释那五花八门、千变万化

---

① 珀尔修斯是阿迪卡王子，于塞里福斯岛得公主安德洛墨达相肋，杀死人头牛身怪物。之后他和公主结婚，但最后又遗弃了她。

的男女恋爱和结婚的现象。古代喜剧作家也说：

> 爱情本身毫无规则，不可分类，我们当然也就不能条分缕析地来处理它。

恋爱和结婚是为种族的利益，而不是为个人。当然，这情形当事者是毫无察觉的，总以为是追求自己的幸福，其真正目的在两人可能产出的新个体上，他们由这目的而结合，尔后再尽可能努力地取得步调的和谐。激情恋爱的本质是本能的妄想，但其他方面也还有很多完全相异的因素存在。

如前所说，这种妄想必定会消失，接着其他方面的因素显现出来，因而恋爱、结婚通常结局都是不幸的。西班牙有一句谚语说："为爱情而结婚的人，必定生活于悲哀中。"这是因为婚姻本来就是一种维持种族的安排，只要生殖目的达成了，造化就不再惦念婴儿的双亲是会永浴爱河还是只有一日之欢。由双方家长安排的、以实利为目的的所谓"利益联姻"，有时反而会比爱情的结合更幸福些，因为此种婚姻顾虑到了种种因素条件，不管这些条件何其繁多，至少它带上了现实的色彩，并且不会自己消失。不过这种婚姻总是着眼于结婚当事人的幸福，但对第二代则颇有不利。面临婚姻抉择的男子，为金钱而不顾自己之所好，那他是在为个体生存，而不是为种族。这种行为是违反真理和"自然"原则的，容易引起他人的蔑视。相反，如果一个女人为了爱情，不顾父母的劝告而毅然结婚，这在某种意义上是值得赞扬的，因为她遵循了造化的精神、种族的精神。照以上所述来看，结婚似乎是鱼与熊掌无法兼得，一定得牺牲个体或种族中的一方。

"热情"和"实利"携手并进的情形极为罕有。大多数人在肉体、道德或智慧方面都显得很可怜，其中的部分原因就在于，许多人结婚不是出于单纯的个人选择或爱好，而是受各种外在顾虑的影响，即所谓"偶然的结合"。至于利益婚姻，也可以在讲究实利之余，在某种程度上顾虑到个人的偏好，这就是所谓与种族守护神的妥协。

众所周知，幸福的婚姻并不多，这是因为结婚的本质不是为了现时人们的幸福考虑，而是为未出世的子女着想。但经过激烈恋爱的人中也有能够白首偕老、互得慰藉的，这是因为他们从完全不同的源头上产生了感情，也就是以性情相合为基础的友情，这种友情大多要在性爱获得满足并渐渐消失之后才表现出来。通常是这样的：两个个体在肉体、道德、智慧等方面互补，这让他们坠入爱河，并产生了为了新生命的诞生而进行的性爱，性爱的目的得到满足之后，两人之间的这种互补又能让他们产生心情的调和，从而能够和谐共处，一直保持婚姻关系。

这里所论性爱的形而上学，和我的全部形而上学理论存在着密切的联系，而且后者可以作为前者的注释，我且以下述几句话作为总括。

人们为满足性欲而精挑细选自己的伴侣，这个选择事实上是人类参与构成下一代的活动，它要经过许多阶段，才能从普通的情感上升到激烈的恋爱。在《作为意志和表象的世界》的前面几章中，我提出了两点真理来证实这一点。

第一，人的本质不会消灭，它永远存在于后世的种族中。因为那种活泼、热心的参与，不是因思考和计划而来的，而是因人类本能中最深处的特质和冲动而产生的。如果人会完全灭绝，或者要以和之前完全相异的典型或以完全不同的种族来延续发展，那么我相信这种参与不致那样牢固，也不能对人产生那么大的影响力。

第二，人的本质（物自体）大多存在于种族中，而不在个人。因为对种族特殊构成的关心是以恋爱事件为根本，不论任何人，他只有通过这样的关心才能有超越意志的崇高表现，而且爱情的成败对人的影响也最敏锐，所以我们可以把它称为"特殊的感情事件"。这方面的利害若表现得强烈明确，人就会完全忽视包括个人利益在内的其他一切事情，必要时还会充当牺牲品。

由此，足可证明种族利益远比个体利益重大，两者相比，我们直接生存于种族中，而不是为个体生存。但恋爱中的男人，获得秋波一瞥就致完全放弃自己，为心爱的女人不惜做出任何牺牲，其原因只是在于渴求女人是他身上不灭的部分，而提出其他任何要求的，是他身上会腐朽的部分。

热烈、痴心地苦苦追求一个女人，就是对"我们本质的结合难以被打破"和"我们的本质将永存于种族中"的最直接证明。如果以为"种族永存"是件芝麻小事，或者对此毫不在意，那就大错特错了。产生这种错误，是因为有的人会这样想：所谓得到永续的种族，虽然和现在的我们相近似，但实际上已与我们并不相同了，而且他们也是生存在我们所不能知的未来，与现在的我们关系不大。这种想法，只是从外部的认识出发，看到了我们能直观看到的种族的外部形态，而没有看到种族的内在本质，但实际上，正是这种内在的本质，才是我们意识的基础，比意识更能对人产生直接的作用。它脱离了个体化原则的限制，存在于一切个体之中，而且不论是并存或依照先后顺序依次存在，它都与个体是一体的。这就是所谓的生存意志，它切实地要求生命和永续，也就是说，生命意志能够避免死亡的命运，不受死亡攻击。

但它的状态也不会比现在更好了。因而只要活着，个体就要经历永远不会消失的烦恼和痛苦，而摆脱痛苦的唯一办法，就是否定"生存意志"，只有这样，个体的意志才会脱离种族的树干，在种族中停止生存。至于那时候的情形又将是个什么样子，还会不会有"生存的意志"，这些问题就只有任人自由解说了，因为我们还找不到能够帮助我们进行解答的材料。佛教把生存意志的否定称之为"涅槃"，即从根本上断绝人生各种欲望而达到的一种至高快乐境界，这样的境界也是人类一切的认识都永远不能达到的地方。

现在，如果我们注视纷繁复杂的人生，就会发现人们尽在为穷困和不幸所烦恼，再不然就是充满无穷无尽的欲求。为了防止各色各样的烦恼，虽然每人都尽了全力，但除了祈求能保持这烦恼个体的片刻存在外，却再也不敢有其他的期望。然而，在这纷乱无意义的人生中，我们仍能看见情侣们彼此思慕的目光，不过，他们的眼神为何总是显得那么隐秘，那么畏惧旁人，那么偷偷摸摸？因为他们是叛徒，他们使所有即将结束的穷困和悲惨又传续了下去。就像他们的祖先对他们所做的那样，又揭开了另一场悲喜人生的幕布。

论女人

论女人

席勒①的《女人的品位》一诗，韵律和谐，对仗工整，动人心弦，是一篇很成熟的作品。但依我个人的看法，赞美女人最中肯、最得当的，当推朱伊②所写的几句话。他说：

没有女人，少年将失去扶持的力量，中年将失去欢乐，老年将失去安慰。

拜伦在他的剧作《萨丹那帕露斯》中也曾有几句感伤的道白：

在人类呱呱坠地之始，就必须靠女人的乳房才能生长，婴儿的牙牙学语也是女人口授，我们最初的眼泪，女人给我们拭

———————
① 席勒（1759—1805），与歌德同时代的文学家，代表作有《强盗》《华伦斯坦》等，去世时尚在46岁盛年，歌德为此哀伤不已。
② 朱伊（1764—1846），法国作家。

去，我们最后的一口气，也在女人的身畔吐出。

以上两者的话语，都真切、具体、传神地道出女人的价值所在。

事实很明显，就女人的外在条件和内在精神而言，她们是不能胜任肉体上的剧烈劳动的。就因为她们在行动上无法承担"人生的债务"，所以造物主特别安排一些受苦受难的事情加在女人身上以求补偿，诸如分娩的痛苦、对子女的照顾、对丈夫的服从等等。

很微妙的是，女人对丈夫往往有一种高度的忍耐力。女人很少表现强烈的悲哀、欢喜和其他强烈的力量，所以她们的生活在本质上来说，无所谓比男人幸福或不幸，她们只是冀求恬静、平稳地度过一生。

女人最适于担任养育婴儿及教育孩童的工作，因为女人本身就像个小孩，既懵懂又浅见，一言以蔽之，她们的思想介于成年男子和小孩之间。一个女人能够一年到头成天和小孩儿一起唱歌、跳舞、嬉戏，以此打发岁月。如果换个男人，即使他能耐下心来做这些事，但请大家试着想象看看，那将会是一种怎样的画面？

造物者似乎把戏剧中所谓的"惊人效果"应用在了年轻女孩身上。造化给她们的财富只是短短几年的美丽，赐予她们暂时的丰满和魅力，甚至透支她们此后所有的姿色。在这短暂的几年间，她们

论女人

可以掳获男人的感情，叫男人承诺照顾她们直到她们死去，光凭成熟的理性还不能确保有效，所以造物者又创造出性欲使男人动心以至承诺。上苍创造女人也和创造万物一般，都采用经济的手段，只是在生存必需时才赋予她（它）们需用的武器。雌蚁在交尾之后就失去翅膀，因为此时翅膀已经多余，并且对产卵和抚养幼蚁来讲还是一种危险，同样，在生下几个小孩之后，一个女人通常也就失去了美丽和娇艳。正由于这种情况，在年轻小姐的心中，家务、女红只是次要的工作，甚至被当作游戏看待，她们唯一所思虑的，不外是如何恋爱、如何掳获男人，以及与此有关的化妆、跳舞等等事情而已。

宇宙中的万事万物，越是优秀越是高等，达到成熟的时间也就来得越迟。男人在二十八岁以前，理智和精神能力成熟的并不多见，女人却在十八九岁便进入成熟期，不过虽称"成熟"，但她们在理性方面仍十分薄弱，所以女人终其一生也只能像个小孩。她们往往只看到眼前的事情，执着于现实，其思维仅及皮相而不能深入，不重视大问题，只喜欢纠结那些鸡毛蒜皮的小事。

人不像一般动物只生存于"现在"，人类有理性，靠着它，人们可以由检讨过去而瞻望未来，人类的远见、悬念及忧闷等，都是因理性而发的。但女人的理性非常薄弱，因此对女人来说，由理性所带来的利与弊也比男性少得多。女人是精神上的近视者，她们直觉的理解力和对周身事物的观察力非常敏锐，但却常常忽略远距离的东西，所以，凡是不在她们的视界中出现的，不管是有关过去的还是有关未来的，她们都漠不关心。男人也有这种现象，但总不如女性来得普遍，而且她们严重的程度，有的几近疯狂。女人的浪费癖就是来自这种心理，在她们的观念中，赚钱是男人的本分，而尽可能花完它（在丈夫未离世前或过世后），是她们应尽的义务，在丈夫为了家庭生计把薪俸转交她们后，她们的这种信念就更强了。

上述的做法和观念，当然有许多弊端，但也有一些优点。因为女人是生活于现实的，所以她们很了解及时行乐的道理。女人眼看着整日辛劳的丈夫，心里难免有所不忍，于是为了调剂丈夫的身心，她们会在必要的场合设法给丈夫种种慰藉，增加生活的情趣。

依照古日耳曼人的风俗，每当男人遭遇困难之际，就会向妇女移樽就教。此事无可非议，为什么？因为女人对事物的理解方法和男人截然不同，最显著的一点，是她们眼中只有切近的事物，做起事来总是选择能达到目的地的最便捷路径，而男人对眼前的事物起先会毫不在意，匆匆一瞥，但思前想后，绕了几个圈子，最后仍会把重点放在眼前的事物上。加之大抵说来，女人较冷静，不犹疑，只就存在的事实来分析事物，思考单纯，不会被那些纷然杂陈的思想所扰乱。男人则不然，一激动起来，他们往往会把存在的事物加以想象或扩大，结果不是小事化大，就是钻进牛角尖。

女人比男人更具怜悯之心，因此对那些不幸的人也更容易表现出仁爱和同情。但由于现实的心理，女人的正义感、诚实、正直等德性却比男人更低。这是因为女人理性薄弱，所以只有现实、具体、直接的东西才能在她们身上产生影响，对与之相反的抽象思想、常用的格言以及那些有关过去、未来的遥远的事物，女人根本无暇去顾及，也不愿去想它，故此，她们先天上虽具备那些德性，却无法将其发挥展开。就这方面来说，女人足可与有肝脏而缺胆囊的生物相比拟。（请参阅叔本华《道德的基础》第17节。）

我们发现，女人最大的缺陷是不正，这个缺陷也是由于理性欠成熟而导致的。女人是弱者，没有雄健的力量，于是造物者就赋予她们一种法宝——"狡猾"，使她们能够借此生存。她们先天上就有诡谲、虚伪的本能，这是上苍的巧妙安排，正如狮子有锐爪和利齿、象有牙、牛有角、乌贼有墨汁一样，造物者使男人具有强壮的体魄和理性，也赋予了女人能够保护自己的力量。

虚伪和佯装是女人的天性，即使是贤女和愚妇也没有太大的差别。她们会尽量抓住机会去运用这种力量，这也和上述动物受到攻击时使用它的武器一般,是天经地义、顺理成章的事。在某种程度内,她们会觉得这样就如同在行使自己的权利一般。所以,绝对诚实、丝毫不虚伪的女人难得一见。但也正因如此,女人极容易就能察觉他人的虚伪和佯装,所以我们还是不要以虚伪的态度去对待女人。

因为女人有这个根本缺陷,不贞、背信、忘恩等毛病也就随之而来。在法庭上做"伪证"的人,女人就远比男人多。所以,关于女人的发誓赌咒之类的事情,其真实性到底如何实在值得推敲。我们不是经常听到一些丰衣足食的贵妇人,会在店铺中顺手牵羊,当起小偷吗?

为了人类的繁殖,为了预防种族的退化,年轻、强壮、俊美的男性应运而生。这种自然而牢不可破的意志,表现在女人的激情上。自古以来,这种法则始终凌驾在其他一切法则之上,所以,男人的权利若和它相抵触,就势必遭殃,在"一见钟情"的一刹那,他的所言所行就要支离破碎,因为女人在她们秘密的、潜意识的、不形之于外的、与生俱有的道德中,就是这样宣称的:

> 我们女人对只为个体图利、妄图霸占种族权利的男人有欺骗的权利。种族的构成和幸福系于我们生育的下一代,而他

论女人

们又全赖我们女人的养育和照顾。我们本着良心去尽我们的义务吧!

女人对这最高原则,不只有抽象的意识,还潜藏着表现具体事实的意识,所以在机会来临时,除了以行为表现外,再也没有任何其他方法了。她们这样做的时候,内心比我们所想象的更平静,因为在她们在内心深处就已意识到种族的权利远比个体为大,也更该为种族尽义务,即便个体的利益会因此受到损害。(请参照《性爱的形而上学》)

总之,女人只是为种族的繁殖而生存的,她们的天性也完全针对此点而发,所以她们会情愿为种族而牺牲个体,她们的思维也偏重于种族方面的事情。同时,也正是因此,在她们的性情和行为上都有和男人完全不同的倾向。这在婚姻生活中经常有体现,不,应该说,几乎通常所说的夫妇不和谐,都是肇因于此。

男人和男人间可以漫不经心地相处,女人则似乎生来就相互敌视。商场中所谓的同行相嫉的心理,在男人来说,只是在某种特殊的情形下才会发生的嫌隙,而女人则有一种独霸市场的心理,她们所憎恶的对象包括所有的同性,连在路上相遇,也好像教皇党徒碰到保王党徒一样,彼此怒目相向,忌恨甚深。对初次见面的朋友,

读书与书籍

男人大半都很爽朗，而女人则矫饰做作，所以在那种情形下她们之间的客套话和奉承话，听来就比男人们要滑稽多了。还有，男人们当着晚辈或下属的面，尚能保持若干的客套和人情味交谈，但身份高贵的夫人们在和身份较低的女人谈话时，态度大抵都很倨傲（即使面对的不是她们的婢女，也是这种高高在上的态度），有一种不屑与之一谈的神气。这大概是由于女人在阶级上比男人更不固定，变化较快，也容易消失的缘故。此外，男人所思虑的范围大，杂事也多，而女人则只为如何掳获男人的心这一桩事情思虑，对其他事情则毫不在意。还有，因为她们的"工作"性质非常接近，所以在同性间会希望以阶级来区别，借以炫耀自己身份的高贵。

唯有理性被性欲所蒙蔽的男人，才会将那矮小、窄肩、肥臀、短腿的人称作女性，因为女性的美感实际上都存在于性欲之中。与其称她们美丽，倒不如把她们描绘为毫无审美价值的性更恰当。不论是对音乐、诗歌还是美术，她们都没有任何发自内心的真实感受，也许她们会做出一副认真鉴赏、十分内行的神态，但那也不过是为了迁就他人的一种幌子罢了。

总之，女人对上述事情不可能以纯粹的客观态度介入。依我个人的见解，其来由是这样的：男人对任何事物都是凭理性或智慧，努力去理解它们或亲自去征服它们，而女人不论处任何时地，都是

论女人

透过丈夫的关系，间接地支配一切，所以她们具有一种支配丈夫的力量就足够了，于是她们天生就有一种根深蒂固的观念，那就是一切以掳获丈夫为主。

女人表现出关心他事的态度，但那实际上也只是伪装，是为达到目的而采取的迂回战术，说到底不过是模仿或献媚而已。卢梭在写给达朗贝尔[①]的信中曾说道：

> 一般来讲，女人对任何艺术都没有真正的热爱，也没有真正的理解，同时她们对艺术也没有一点儿天分。

这话确实不差。

例如在音乐会或歌剧院等场合，我们仔细观察妇女们的"欣赏"态度，就会发现即使面对最伟大的杰作，即使是演唱到最精彩的时候，她们仍然像小孩子似的叽叽喳喳，不知在讨论些什么。听说古希腊人曾有禁止妇女观剧的规定，假如此举果是属实，那倒是千该万该的，因为这样至少能让我们在剧院中不受打扰，专心享受演出。

[①] 达朗贝尔（1717—1783），法国哲学家、数学家。

读书与书籍

我们现在很有必要在"妇女在教会中宜肃静"(《新约·哥林多前书》16：24)的规条之后再附加一条，以大字书写于布幕上：

妇女在剧院中宜肃静。

我们不能对女人期望太多。就以美术来说吧，在绘画的技法上，男女同样适合，但有史以来，即使最卓越的女人也从未在美术方面取得任何一项真正伟大或富有独创力的成就，就是在其他方面，也从未给世界留下任何具有永恒价值的贡献。

女人们看起来对绘画是那么热衷，为什么却不能产生杰作呢？

"精神的客观化"是绘画的一大要素，而女性事事易陷入主观，由于这个缺陷，所以一般妇女对绘画都没有真实的感受力，连这基本条件都欠缺，自然也就不会有多大的成就。三百年前的哈尔德①在他的名著《对科学的头脑试验》一书中，就曾下过这样的断言："女人缺少任何高极的能力。"除了少数的例外，这是不容否认的事实。

大体看来，女人实在是平凡俗气得很，她们一辈子都不能摆脱

---

① 哈尔德（1520—1590），西班牙医学家和作家。

论女人

俗不可耐的环境和生活。正因为如此，妻子与丈夫共有身份和称号是极不合理的社会制度。如让女人指挥调配，由于她们的虚荣心，她们会不断地给男人刺激，这是酿成近代社会腐败的一大原因。

妇女在社会中究竟应站在何种地位才最为恰当？拿破仑一世曾说："女人无阶级。"我们不妨以此为圭臬。舍夫茨别利①的见解也很正确，他说：

> 女人是为了男性的弱点和愚蠢而产生的，和男人的理性全无关系。男女之间，只有表面的同感，实则在精神、感情、性格诸方面绝少相同。

女人毕竟是女人，她们永远都落在男人后头。所以，我们对女性的弱点只有睁一眼闭一眼地装糊涂，不必太认真。但对她们太过尊敬，也未免显得可笑，在她们看来，这种行为是在自贬身价。

混沌初开，人类一分为二，但那个时候就不是真正的"等分"，只是区别为"积极"和"消极"而已，不但质如此，量亦如此。

古希腊、古罗马人及东方民族，他们对女人的认识就比我们正

---

① 舍夫茨别利（1671—1713），英国哲学家。

确得多，他们给予妇女的地位也远比我们恰当。女性崇拜主义是基督教和日耳曼民族丰富感情的产物，它也是把感情、本能高举在意志之上的浪漫主义运动的起因。这种愚不可及的女性崇拜，往往会使人联想起印度教"圣城"贝拿勒斯（今称瓦拉纳西）的神猿。当这只猴子知道自己因为被视为神圣而挂上"禁止杀伤"的招牌时，它就为所欲为地横行起来，而女人的专横傲慢与任性，似乎尤有过之。

西方诸国给予女性，尤其是所谓"淑女"的地位，实是大错特错。自古以来都是屈居人下的女人，绝不应该是我们应尊敬和崇拜的对象，以她们本身的条件，就不该和男性享受同样的权利，更不该享有特权，否则必会发生不可收拾的后果。我们指定给妇女相当的地位，不但会引来亚洲人民看笑话，古希腊、古罗马人若泉下有知，也必会嗤笑我们的不明智。但愿"淑女"一词从此成为过去，若能如此，我相信不论在社会或政治上，都将会有无法计数的益处。

"淑女"的存在，使欧洲绝大部分的女性（身份较低的女人）比东方女人的遭遇更不幸。事实上，此类"淑女"完全没有存在的价值。当然，主妇及那些即将成为主妇的少女仍旧很重要。对这些女性，我们要好好地教育，使她们具有服从的美德，能够适应家族生活，而不能让她们骄傲自大。

论女人

拜伦说：

　　古希腊妇女的生活状态，对现在的人来讲是一个很好的借鉴。男人能够充足地供给她们衣食，使她们不致抛头露面到社会上去谋生，且能专心一意照顾家庭。她们都得接受充分的宗教教育，阅读有关"敬神"及"烹调"的书籍，至于诗与政治理论等书籍，不读也无关紧要。闲暇时，或绘画，或跳舞，或抚琴唱歌，偶尔弄些园艺或下田耕作。伊庇鲁斯的妇女可以修筑出一条非常漂亮的道路来，我们现在的女人有什么理由不做那些砍枯草挤牛奶之类的轻便工作？

　　欧洲的结婚法认为妇女应与男人有同等地位，这种措施从出发点就错了。欧洲一夫一妻的制度，无异会减少一半男人的权利，而增加他们一倍的义务。严格地说，若法律给予女人和男人相等的权利，就应该赋予她们和男人相同的理性。法律违反了大自然的原则，它对女人愈是尊敬，赋予的权利愈多，能享受到这些特权的妇女人数就愈少，实际上，法律剥夺了多数妇女的自然权利。

　　为什么会造成这种现象呢？因为一夫一妻的制度和随之而来的结婚法，是以男女平等为基础的，这给妇女带来了反自然的地位和方便，也意味着男人结婚后势必要做很大的牺牲，因此，一些聪明而深思熟虑的男人面对结婚，往往会犹疑踌躇，逡巡不前，这样一来，能结婚的女人大为减少，社会上就会产生大量失去扶助的怨女。这些女人，出身名门或上流社会的就成为养尊处优的老处女，下层阶级的女人只有找些粗重的工作赖以维生，等而下之者则流入花街柳巷，过着卖笑的生活。

最后这一类虽然说来是很不光彩、不体面的职业，但从世态的某一方面来说，她们是满足男性不可或缺的一层阶级，同时她们对那些已经拥有丈夫或期待嫁人的幸运女人，也有一种特殊的保护作用——避免她们受到男人的诱惑或摧残。

目前在伦敦的妓女估计达八万人，这些女人不正是一夫一妻制度下最不幸的牺牲者？不正是一夫一妻主义祭坛上的供品吗？这些陷于不幸境遇的女人，和欧洲矫饰傲慢的"淑女"形成了鲜明强烈的对比。所以，为全体女性着想，一夫多妻制度对女性反而比较有利。退一步说，假如妻子罹患慢性疾病，或不幸竟不能怀孕，这种情形下，我们有什么理由不同意丈夫娶妾？摩门教之所以能赢得众多信徒的皈依，就是因为它废除了反自然的一夫一妻制。况且，把不自然的权利赋予女人也会让她们肩负不自然的义务，违背这些义务更会给妇女带来不幸。

论女人

大多数男人为确保妻子及子女的生活与前途，对财产或阶级常会有所顾虑，所以若女人没有附带相当的条件，就不足以怂恿男人与其结婚。这个条件说来也很正当合理，那就是女人要放弃由结婚所得来的不适当的权利，只有这样，社会才能安详平和。女人若不愿同意这些条件，就只好和自己所嫌弃的男子结合，或是冒险当一辈子老处女了，毕竟女人结婚的适龄期非常短暂。

有关一夫一妻制的问题，托马修斯①曾发表过一篇《蓄妾论》，颇值得一读。他说，蓄妾的制度在所有文明国家中都存在，且在马丁·路德的宗教革命前一直都为时代所默许，甚至在某种程度上连法律也承认，它并没什么不名誉的地方。此制度之所以突然销声匿迹，完全是因为路德的宗教革命，但此制度的废除，却是承认僧侣结婚的前奏。旧教在这方面也亦步亦趋，不落人后。

关于一夫多妻制的是是非非，我们没有多加议论的必要，因为这是到处都存在的铁的事实，问题只在于应该如何加以调整而已。那到底有没有必要实行一夫一妻制？男人中的大部分都过着一夫多妻的生活，即使是暂时性的，也会经常发生，可见所有的男人都需要多数的女人。照顾多数的女性是男人的自由，甚至可说是男人的

---

① 托马修斯（1655—1728），德国启蒙运动之先驱。

义务，这是再正当不过的事情，所以，应该把女人拉回到她们自然而恰当的从属地位上。欧洲文明和基督教、日耳曼的愚劣产物，那些滑稽地要求被尊敬和被崇拜的所谓"淑女"，如果真的能从这世界销声匿迹而只留下真正的"女人"存在，我相信今日欧洲那些不幸的女人，也必将完全绝迹。

在印度，不论什么女人，都不是独立的，由《摩奴法典》第5章第148节来看，那里的女人也是居于"在家从父，出嫁从夫，夫死从子"的地位。寡妇殉夫自焚，这风俗当然未免太惨无人道，但丈夫为了子女努力工作，在他死后，他千辛万苦挣得的产业却被寡妇及其情夫共同荡尽，这岂非太残忍了？

不论人或动物，原始的母爱都纯粹是本能，因而当子女不再需要母亲的哺育时，这种爱也就消失了，此后女人们所表现出的只是以习惯和理性做基础的母爱，那样纯粹本能的爱往往不会再出现，尤其是在母亲不爱她的丈夫的时候。但父子之间的感情则完全不同，具有持续耐久的性质，这是因为子女是父亲自我的再认，因此有形而上的起源。

地球上几乎所有的新旧民族，父亲的财产都只是传给男孩，只有欧罗巴是唯一例外。丈夫长期辛勤劳苦所获得的财产，一旦落入女人之手，由于她们的无知，在极短的时间内便会被浪费殆尽。这虽是极不体面的事，却屡见不鲜。从这一点看，应该限制妇女的财产继承权。

依我所见，女人，不论寡妇或闺阁少女，都不能被赋予土地或资本的继承权，而是只能够允许她们继承相当于所有资产的利息那么多的财产，这才是最好的制度，但这也是在完全没有男性继承者的情形下才能用的。赚取财产的是男人不是女人，因此女人也就绝对没有"占有财产"和"管理财产"的资格。女人所获得的财产，如资本、土地、房子等，不能让她们自由处置，而是应设个"财产监护人"，而且女人不论在任何情况下，都没有理由和资格当子女的"财产监护人"。有的场合女人的虚荣心也许不比男子大，但她们会将自己的虚荣心全都倾向于物质方面，美容、浮华、炫耀、虚饰等等，社交是她们最喜欢参与的事情。女人薄弱的理性，会让她们更倾向于浪费。

古希腊人说得好：

> 大体来说，女人生来就是浪费的。男人的虚荣心则恰好相反，大都表现在非物质的理解力、博学、勇气等方面。

亚里士多德在其《政治论》第2卷第9章中曾就上述诸事详加讨

论。他说,斯巴达妇女具有"遗产"及"陪嫁金"的继承权利,还有其他太多的自由。她们被允许的范围太过广泛,这给斯巴达带来很大的不利,也加快了斯巴达的没落。

从较近的事实来看,法国自路易十三以来妇女势力渐大,这一现象对宫廷和政府的逐渐腐败糜烂,不是应负很大的责任吗?因为正是由宫廷中女人的奢靡浪费才带来了政府的贪污腐败,由此腐败又引起法国的第一次革命,由第一次革命而导致了以后所有的革命。

总之,这些都是欧洲"淑女"制度带来恶果的最鲜明的佐证。女人地位的错置是社会状态的根本缺陷,而以此缺陷为中心,会波及其他所有的部分。

女人具有服从的天性,在这里我可再提出另一个证据:年轻的女性本是逍遥自在、独立不羁的,但这实际上违反了女人的自然地位,于是没多久,她们就要找个能指挥统御自己的男士结合,这就是所谓的女人要求支配者。当她们年轻的时候,支配者是丈夫,年华老去后,支配者则是听取她们忏悔的教士或僧侣。

宗教对话及其他

一 信仰与知识

作为一门学问，哲学与应该相信的或可能相信的东西没有任何关系，哲学只与可知的东西有关。如果这种情形与我们相信的事实完全不同，那么这对信仰也没有好处，因为信仰的本质就是宣示不可知的东西。如果有人认为信仰可被认知，那么他就像要在数学范围内提出一种证明信仰的理论一样，是可笑而无用的。

不过从另一方面看，我们也可以说信仰教给我们的要比哲学多得多，只是信仰教给我们的东西不能与哲学的结论联系在一起，因为知识比信仰更坚实，当两者碰在一起时，后者会被碰得粉碎。

总而言之，信仰与知识是两个完全不同的东西，为了两者相互的便利起见，我们必须把这两者严格地分开，让它们各行其是，彼此互不影响。

读书与书籍

二　启示

生命短促的人类一代接一代地相继来到这个世界，又相继离开这个世界，每人都带着恐惧、匮乏和忧虑投入死亡的怀抱。当人类如此生死相继时，会不厌其烦地问到底是什么造成了自己的烦恼，它的意义又是什么？人类向天呼求，但天道无言，于是一批身负启示的教士诞生了。

但是，如果还有人认为，那些超人类的存在曾经为人类带来答案，告诉我们有关个体或世界存在的意义，那么这个人的思想就仍然停留在人类的童稚时代。各种启示一定有错误，它们往往包含在奇怪的寓言和神话中，并称自己为宗教。然而，世界上除了智者的思想以外，根本没有其他形式的启示。

从这个角度讲，不论你相信自己的思想还是相信他人的思想，其结果都一样，因为你所相信的永远是人类的思想和意见。然而人类往往有一个特点，那就是总喜欢相信那些自称其知识来自超自然力量的人，却不愿相信那些自己头脑中有思想的人——可如果你记得人与人之间理智上的巨大不平等，那就应该知道，某一个人的思想在另一个人看来，是完全可以作为启示的。

无论在什么地方，什么时候，不管是婆罗门教也好，伊斯兰教也好，佛教也好，基督教也好，所有教士或僧侣的基本秘密和狡猾的地方就在于，他们认识并利用了人类在形而上方面需要的巨大力量和他们牢不可破的顽固本性。他们自称具有满足人类形而上需要的方法，而用这种方法可以把人生疑问的答案直接带给人类。一旦人们相信了这种说法，宗教就可以随心所欲地引导和支配他们。比较慎重的统治者会与教士和僧侣们联合起来，而其他统治者本身就为他们所统治。

如果能破天荒地让哲学家做国王，那么这整个闹剧便会以最不适宜的方式结束。

三 论基督教

要对基督教做一个公正的判断，就必须考虑到基督教之前是什么，基督教所取代的又是什么。

最初的宗教形式是希腊罗马的泛神论，它被视为大众的形而上学，没有任何真正意义上的教条，没有任何规范行为的法则，没有任何道德的倾向，也没有经典著作。严格来讲，与其将它称为宗教，不如说它是一种幻想，是诗人们从民间传说中拼凑而成的产品，而这种宗教中大部分的神是自然势力人格化的表现。

读书与书籍

我们很难相信当时的希腊罗马人会重视这种幼稚的宗教,然而,古代作家的作品中却有许多记载表示他们确实重视这种宗教。马克斯穆斯①在他的第一部作品中就有这种记载,在西方史学之父希罗多德的著作中这种记载则更多。后来,哲学的进展让这种原始的信仰消失了,这使基督教得以取代这种宗教,尽管这种宗教有着外来的助力。

基督教取代的第二个宗教是犹太教,犹太教简单的教义在基督教中被升华了,也在无形中变得更趋近神学寓言。一般说来,基督教是属于寓言性质的,而且世俗所谓的寓言在宗教中变得神秘。我们必须承认,无论在道德方面还是教义方面,基督教都远远优越于先前的两种宗教,因为只有基督教(就东方人而言)宣扬和好、爱你的敌人、忍受苦难和否定意志。

因为一般大众不能直接把握真理,所以最好用美丽的寓言把真理传播给他们,这种寓言足以作为他们实际生活的指南,并给他们安慰和希望。可是,在寓言中加上一点点荒诞不经的东西是宣扬宗教不可缺少的,这更表示出它的寓言性质。如果你从实质上去了解基督教教义,你就会明白伏尔泰的判断是对的。

---

① 马克斯穆斯大约死于公元前20年,他的作品《名著名言》到现在还广为流传。

可是相反，如果你从寓言中去了解基督教，那么基督教便是一种神圣的神话，是一种能使人们获得真理的工具，如果没有这个工具，人们就完全无法接近这些真理。教会宣扬"在宗教教义方面，理性是盲目而无用的，因而应该把它排除"，从本质上看，这表示宗教教条的本质属于寓言，我们不应以理性的标准来衡量它们，因为理性是从实质意义上来了解一切事物的。

基督教这个伟大的寓言最初是在没有明确自觉的潜在真理暗中影响之下，通过对外在和偶然环境的解释渐渐出现的，最后才由奥古斯丁①完成。奥古斯丁深深理解这个寓言的意义，他把它作为一个系统的整体，并补充了其中所缺少的东西，因此可以说，奥古斯丁的学说是完美的基督教教义，后来马丁·路德也这样认为。然而，今天的新教徒是从实质意义上了解"启示"的，他们把启示限定在某一个人身上，因而认为最完美的基督教教义是原始基督教。

但所有宗教都有弱点，那就是它们绝不敢承认宗教本身是寓言，因此它们必须郑重地表现自己教义的真实性。由于荒诞不经是寓言的本质，所以这个弱点导致宗教就是在永久欺骗大众，这对它

---

① 奥古斯丁（354—430），古罗马基督教思想家，著有《忏悔录》《论上帝之城》《驳异教徒》。

的发展大大不利。而更糟糕的是，我们很快就会知道它们根本不是真实的，因此宗教也就迅速消亡了。

这样说来，宗教最好是直接承认它的寓言性质，只是困难在于如何让人们了解一件东西是真实的同时又是不真实的。但是由于我们发现所有宗教多少都是以这种方式形成的，所以我们必须承认，在一定程度上荒诞是合乎人性的，有时它甚至还是人类生活的一部分。同时我们也要承认，欺骗是宗教中不可避免的，其他许多事实也证明了这一点。

基督教所谓的上帝预定论和马丁·路德思想的先驱者奥古斯丁所完成的上帝恩宠论，都给我们提供了一个实例，它告诉我们，基督教中荒诞不经的地方源于《新约》和《旧约》里两种不同教条的结合。根据奥古斯丁恩宠论的看法，有的人是神恩的对象，他比别人处于更优越的地位，也就是说，他是带着现成的特权来到这个世界的。

可是，这个学说完全源于《旧约》中的一个假设，即人是外在意志的创造物。但是我们想一想就会发现，真正的道德优越实际上并非天赋。婆罗门教和佛教轮回说与基督教的观点不同，在他们看来，一个人与生俱来的一切好处都是他从另一个世界和前生带来的，也就是说，它们不是神的恩赐，而是自己在另一世界所做行为的结果。

不过，在奥古斯丁的恩宠论之外，还有另一个更让人绝望的教义，那就是人类中的绝大多数是堕落的，注定要受到惩罚，上帝只会让极少部分的人得救，而其余的人则只能永远在地狱中受苦。

这个教义让人很不舒适，因为它不但惩罚犯错的人，还会惩罚缺乏信仰的人，它要他们无目的地受苦，而且还说这种几乎普遍的受罚是原罪的结果，是人类最初的堕落造成的结果。但是，上帝最初造人时并没有把人造得比现在更好一点儿，他一定知道人类会堕落，但却布下陷阱，他也一定知道人类会掉进陷阱中去，因为一切都是他创造的，没有事情可以瞒得住他。那么，根据这个教义的意思，上帝从虚无中创造出脆弱而会犯罪的人类，就是为了使他们承受无穷的痛苦。

还有一点，根据教义，上帝禁止一切犯罪也宽恕一切犯罪，甚至要人类爱自己的敌人，可是他自己却没有这样做，他所做的正与此相反：基督教中所讲的世界末日来临时的最后审判，既不是为了改进人类，也不是为了吓唬人类让他们不再犯罪，而只是为了报复。

这样看起来，好像整个人类被创造出来就只是为了永远受苦和受罚，虽然我们不知道为什么，但是除了极少数人因神的恩宠可以免于如此厄运之外，其余的人都要承受苦难，而且上帝似乎是为魔

读书与书籍

鬼创造这个世界的，如果真是这样，那倒不如他根本没有创造这个世界。

如果你要从实质意义上了解教义，上述这些就是你会看到的。相反，如果从寓言意义上了解教义，所有这些都可以得到令人满意的解释。不过，我们早已说过，这个学说中荒诞不经、让人觉得不愉快的地方，本就是犹太一神教创造出的，他们否定轮回说，这是不合理而令人反感的。在某种范围内看，轮回说是很自然的道理，各时代的人都接受这种说法，只有犹太人例外。

6世纪时，教皇格列高利一世为了避免因否定轮回说而产生的不利影响，减轻这个教义中不合理的成分，非常聪明地发展出一套赎罪的说法，并把这种学说正式加入教会的教义中。从本质上看，赎罪说在奥利金①的思想中就出现过，现在，因为两者都构成一种净化过程，赎罪说作为轮回说的代替品被引入到基督教中来。

基于同一目的又产生了一种所谓万物复原的说法，根据这个说法，即使是犯罪者也会在最后的审判中完全恢复原状，恢复到性本善的状态。只是新教徒执着于《圣经》上的内容，不放弃那些要在

---

① 奥利金（约185—约254），早期基督教神学家，创立精神意义解释法来诠释《圣经》，认为凡有损上帝的结论、逻辑混乱的经文等都应被诠释为"隐喻"。

宗教对话及其他

地狱中永远受罚的说法。这可能对他们有好处，但我们可以说，他们得到的安慰是自己并不真的相信它，当他们不顾及这个问题时，心里其实在想：它还不至于那样坏。

奥古斯丁所谓犯罪者多而得福者少的想法，也可以在婆罗门教和佛教中找到，不过，婆罗门教和佛教中的轮回说已经把这种想法中令人讨厌的地方去除了。的确，前者的最后救赎和后者的涅槃都是极少数人才能达到的，可是在后者的教义中，这些少数人并不是经过特别挑选或因具有特权而来到这个世界的，他们应得的赏罚是他们自己前生行为的结果，而他们在今生也继续保有它们，而且没有涅槃的其他人也不是全被抛入永久的地狱中，他们会被带到与自己行为相符的那个世界去。

因此，如果你问这些宗教的创立者那些不曾得救的人去了哪里，他们会告诉你：

"看看你自己的四周，这就是他们所在的地方，这就是他们所成为的人，这就是他们的活动范围，这就是欲望、痛苦、生、老、病、死的世界。"

可是相反的，如果我们只从寓言意义上去了解奥古斯丁所说的

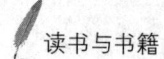读书与书籍

被选者少受罚者多，并用哲学的意义去解释它，那就会产生这样的理解：我们所在的这个世界就是永远受罚的现世，这是一个很坏的地方，是炼狱，是地狱。所有不得救者都在这里生活，只有极少数人可以否定意志，从而在这个世界中得到救赎，正如佛教中只有极少数人能够达到涅槃一样。

只要我们想一想，有时候人给人的痛苦是多么大，大到甚至会慢慢把别人折磨致死，然后再自问一下魔鬼是不是能做得比这更厉害，就可以了解到，我们说现世是地狱绝非虚言。那些固守生命意志不放的人，可能会永远留在这个世界。

但是，实际上，如果亚洲人问我"欧洲是什么"，那么我一定会回答说：

欧洲是一块完全被前所未闻和无法让人相信的幻想所支配的大陆，这个幻想告诉我们，人的出生是他的绝对开端，他是从虚无中被创造出来的。

从根本上看，撇开东西方的神话不谈，佛陀的轮回和涅槃与奥古斯丁的两城说是一样的。奥古斯丁的两城说把这世界分为两个部分，即世俗之城和上帝之城。

在基督教中，魔鬼是一个非常重要的角色，他是尽善尽美、全知全能的上帝的平衡力量。如果不把魔鬼当作一切罪恶的来源，就无法了解世界上那些无法估计的罪恶到底从哪里来。由于理性主义派已经扬弃了魔鬼的观念，所以对魔鬼的对立面上帝的不利之处也就越来越大、越来越明显。

这可能早已被预料到，事实上正统教会也确实预料到了，毕竟当你从大厦中抽去一根柱子时，不可能不危及其他柱子。这点也证实了另一种看法，即耶和华乃袄教中善之神的化身，而撒旦则为袄教中恶之神的化身，善之神和恶之神是不能相离的，可是，善之神又是因陀罗①的化身。

基督教有一特别不利之处，即它与其他宗教不同，它不是纯粹的学说，而是历史，是由许多人的行动和遭遇组成的一连串事件，构成基督教教条信仰的就是这种历史事实。基督教的另一不利之处是它用不自然的方式把人类与人类所属的动物界分开，只认为人类是有价值的，而把其他动物都看作"物"。这个错误是所谓"上帝从虚无中创造出人"的观点造成的结果。在《圣经·创世记》第1章和第2章中，造物主把一切动物只看作物，但在现实中，即使一

---

① 因陀罗为《吠陀》经《梨俱吠陀》中的主神，司雷雨及战争等。

个卖狗的人与自己的狗分别时也会有惜别之意。造物主不善待动物,他把动物完全交给人类,让人类来支配它们,在第2章中,造物主指定人类为动物命名,这又是动物完全依赖人类而根本没有任何权利的象征。根据伊甸园的那一幕,我们可以说,人是大地的魔鬼,而动物则是受苦的灵魂,因为一般大众只能借助强力或宗教来支配动物,也是因此,基督教使我们羞居困境之中。据可靠消息,当动物保护协会要求某位新教牧师讲道以反对虐待动物时,这位牧师回答,尽管这是世界上最好的事,可是他不能这样做,因为在他的宗教中找不到这么做的根据。这个人的确诚实,因为这确实就是事实。

当我还在格丁根读书时,布鲁门巴哈①非常严肃地给我们描述活体解剖的恐怖情形,并且告诉我们那是一件多么可怕的事情。不过当时活体解剖的机会不多,即使有,也是在那些可以带来直接好处的重要实验中,并且他们必须尽可能公开施行,以便使科学祭坛上的残忍牺牲尽可能得到最大的效用。

可是今天却不同了,每个小小的医学人员都以为自己有权在刑房(实验室)以最残忍的方式折磨动物以便确定某些问题的答案,其实这些答案早已写在书中了,只是他们无知也懒得去翻阅罢了。

---

① 布鲁门巴哈(1752—1840),德国人类学家、解剖学家。

我们要特别提到巴布拉在纽伦堡所做的令人憎恶的事。他故意把两只老鼠饿死，后来又在"人类和脊椎动物大脑的比较实验"中对大家描述这件事，好像他做得很对似的。他这样做只是为了从事一项根本无意义的实验，看看饥饿会不会让大脑的化学成分产生明显的变化。这是为了科学吗？难道这些拿着手术刀的人根本没有想到自己首先是人然后才是化学家吗？当你把无害的动物锁起来让它慢慢饿死时，你会睡得安稳吗？你不会在半夜爬起来害怕地大叫吗？

显然，犹太人对自然的看法，尤其是对动物的看法，现在应该在欧洲退出舞台了。我们应该承认，永恒者不但存在于人类身上，也存在于所有动物身上，因此我们也要照顾和考虑动物。我们一定是眼睛瞎了耳朵聋了，否则为什么不知道动物在本质上和我们有某些相似呢？人与动物不同的地方只在于偶然因素，即理智方面，而不在实体，即意志方面。

火车发明以后，为人类带来的最大益处，是免得千千万万可怜的驮马受苦。

四 《旧约》和《新约》

犹太教的基本特性是唯物主义和乐观主义，这两者是密切相关的，也是真正一神论的先决条件，因为它们把物质世界看作绝对真实的，而把生命看作是上帝的赐予。相反，婆罗门教和佛教的基本特性则是唯心主义和悲观主义，因为它们认为世界只是梦幻般的存在，而生命则是自己罪恶的结果。

大家都知道犹太教源于波斯祆教，可是祆教中的悲观主义成分至今犹在，恶之神就代表这种悲观主义成分，不过，恶之神也像撒旦一样，只具有附属的地位。犹太教利用恶之神直接补救它的乐观主义的根本错误，由此产生"堕落"的说法，于是"堕落"把悲观主义因素带入这个宗教，因为它是真理所需。虽然这个因素把原本应该是基础和背景的东西变为存在过程，但它仍然是这个宗教中最正确的基本观念。

《新约》从某种程度上说发源于印度，因为《新约》中的伦理观念完全是印度式的，在这种伦理观念中，道德导致禁欲主义、悲观主义及其具体化。但是正因为这样，《新约》和《旧约》完全处于内在对立的立场，而两者唯一相连的是关于"堕落"的故事。当这个学说进入巴勒斯坦时造成了腐化和不幸，又通过神的化身而获得拯救、赎罪以及自我牺牲，这些都和犹太一神教教义相互关联。这种相互关联是隐性地完成的，就是说，虽然这两个东西看上去完全不同甚至彼此对立，然而它们最终还是关联在一起了。

从虚无中造物的、外在于世界的创造主和救世主是同一个东西,并且由于救世主的关系,他与人类合一,成为了人类的代表。自从亚当陷入罪恶之中,堕落、痛苦和死亡就落到亚当身上,人类于是因他得救。这是基督教表述世界的模式,正如佛教表述世界的模式一样,它不再具有发现万物都"很好"的犹太教的乐观主义。现在,魔鬼被称为"世界之王"(《约翰福音》第12章第31节)。

世界不再是目的,而只是手段,快乐王国只在世界之外和死后才存在。舍弃现在这个世界并期望一个更好的世界,这就是基督教的精神,可是打开达到这个更好世界的大门的是"做好事",从这个世界得到救赎的方法,是在道德上爱你的敌人而不报复他。基督教给你永恒生命的希望而不给你无数的子孙以希望,以圣灵代替犯罪的惩罚,一切东西都安静地在圣灵的羽翼之下休憩。

因此我们说,《新约》修正了《旧约》,也赋予《旧约》新的意义,它在内在本质上与印度古代宗教是一致的。基督教里所有真实的东西,在婆罗门教和佛教中也存在,但是犹太教中从虚无中创造生命的观念,人生短暂且充满不幸、恐惧的观念,永远都要谦卑地感激造物主的赐予的观念等等这些,你在婆罗门教和佛教中是找不到的。

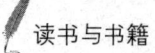 读书与书籍

五 关于宗教的对话

德谟菲利斯：亲爱的朋友，我不太喜欢你用讽刺的语句挖苦宗教，甚至用公开嘲笑宗教的方式向我炫耀你的哲学才能。每个人的信仰对他自己而言都是神圣不可侵犯的，因此你应该尊重宗教才是。

菲勒里希斯：我不同意你的看法。我不明白，为什么因为别人的幼稚愚昧，我就得去尊重一堆谎话？我尊重的是真理，对那些与真理相反的东西我只有嘲笑。正如法官的座右铭是"即使世界毁灭也得维护正义"一样，我的座右铭是"即使世界毁灭也得维护真理"。每一种行业都应有类似的格言隽语。

德谟菲利斯：那么，我想医生的座右铭将是："即使世界毁灭，也得配销药品"——这可能是最需要被实现的一句座右铭了。

菲勒里希斯：我的天，你应该以稍有保留的态度看待一切事物。

德谟菲利斯：很好，这句话也适用于你，你也应该以稍有保留的态度看待宗教。你应该了解，一般人的需要就应该以他们所能了解的方式来满足。大众感觉迟钝，又不聪明，终日深陷在对无价值的物质生活的追求里，淹没在枯燥无味的工作里。对这样的人来说，只有宗教才能唤醒他们，让他们感受到人生的意义。

宗教对话及其他

人在本性上除了追求物质需要和他们欲望的满足以外，不会去注意其他东西，在这之外只需要再来一些娱乐和消遣就足够了。哲学家和宗教家来到这个世界，是为了唤醒这些人，并给他们指出人生的崇高意义。哲学家的对象是少数超脱的人，而宗教家的对象则是多数人、是整个人类。哲学不是每个人都能了解的——柏拉图曾经这样说过，你应该记住这句话。

宗教是一般人的普遍形而上学，应该让一般人都保有这种形而上学，你也应该对它表示明确的敬意，因为如果你不相信它，就等于消灭了它。正如世上有通俗的诗歌一样，通俗的形而上学也同样存在，因为人们需要一种对生命的解释，而这种解释还必须是他们能够懂得的。这就是为什么真理往往会包含在寓言之中。我们把宗教视为人类行为的实际指南以及痛苦和死亡的慰藉，这就像我们用寓言解释真理一样。

你不必为宗教所采取的奇奇怪怪的荒诞形态而感到困惑，因为以你的学问和文化修养，你想象不到为何需要采取这样一种迂回曲折的路线，去向一般大众宣示深奥的真理。一般人们并不直接接触真理，他们只借种种宗教模式来把握和描述真理，可以说，在他们眼中，真理与这种宗教形式是紧密地联系在一起的。所以，亲爱的伙伴，我希望你能原谅我这样说：嘲笑宗教是心地狭窄和不公正的表现。

菲勒里希斯： 然而，非要说除了这种形而上学以外，没有任何其他东西能适应一般人的需要，这种说法难道不是同样的心地狭窄和不公正吗？如果说形而上学的学说是构成探讨的极限，是一切思想的指南和典型，那么，你所谓的少数超脱者的形而上学难道就只能成为一般人的形而上学的注解？难道哲学就注定要被宗教取代？这样的看法不也是一种心地狭窄和不公正的表现吗？人类心灵的种种最高能力和你所谓的通俗形而上学相冲突，它就不应被运用和展开，而是应该在萌芽时就被掐灭，这种说法难道不是心地狭窄和不公正的表现吗？宗教的种种要求、借口，根本上不就是这么一回事吗？本身缺乏容忍精神和同情心的人，还可以宣扬容忍精神和同情心吗？审判异教徒的宗教法庭，宗教战争和十字军东征，苏格拉底被毒死，布鲁诺①、瓦尼尼②被烧死，这一切可以为证。即使这种事情现在不会再发生，可是除了被国家赋予独占地位的传统形而上学，还有什么东西更能阻碍真正哲学的发展呢？还有什么东西更

---

① 布鲁诺（1548—1600），文艺复兴时期意大利哲学家，因被视作异端而被活活烧死。
② 瓦尼尼（1584—1619），意大利哲学家，因宣扬亵渎上帝的言论和无神论而被活活烧死。

能阻碍高尚的哲学家对真理的追求呢？

这种传统的形而上学被人们极其热心地强加给每个孩子，它在孩子们心中根深蒂固。如果他们的头脑不是特别灵光，也就永远都不能逃脱它的束缚，这样一来，人们就不能凭借自己的思想和能力去做公正的判断，人的理智将会被永远的麻痹，直至被消灭。

德谟菲利斯：如果是这样的话，那就意味着人们已经获得一种信念，他们不会因为受到你的影响而放弃自己的宗教信仰。

菲勒里希斯：只要它是一种信念，只要它是一种建立在理性上的信念，它就可以接受种种的理性评判，我们也应该基于理性对它进行判断。但是，大家都知道，宗教不需要理性做基础，宗教所需要的只是信仰，只是以启示做基础。信仰能力在孩提时代最强，这就是为什么宗教要千方百计地去掌控这种年纪的信徒。

宗教用这种方式使信仰的教义扎根，而且用这种方法的时候甚至比威胁和讲奇迹故事的时候还多。因为如果在一个人的孩提时代就非常严肃同时又饱含热情地向他灌输某些原则和观念，同时不给他提供质疑的机会，或者告诉他质疑是走向沉沦的第一步，那么这些原则和观念所产生的印象将会非常深刻，以至在一切情形下，要让他怀疑这个观点的真实性都会像要他怀疑自己的存在一样困难。长此以往，在一千个人当中也很难会有一个人具有坚定的心灵，能够去严肃而坦诚地自问：这种观念是真实的吗？

"坚强的人"这几个字用于形容具有这种能够质疑的坚定心灵的人，比形容那些利用这种坚定心灵去从事认知活动的人更恰当。可是对其他的人而言，无论多么荒谬的东西，经过这种方式的灌输之后，他们都会坚定地相信它。

例如，如果人们宣布杀害异教徒或不信神者是得救的必要条件，那么几乎每个人都会把这种行为当作自己终生的主要目标，在面临死亡时，他还会因回想自己的所作所为而感到安慰。事实上，这样的事确实存在，西班牙人就认为公开焚死异教徒是一种最虔诚的取悦上帝的行为。印度的暗杀团①和这种情形也颇为相似，英国人在最近才把这些暗杀团分子用大规模的死刑镇压了。这些人找到机会就会不忠不义地杀害自己的朋友和旅伴，并拿走他们的财物，以此来表示自己的虔诚和对女神卡莉的崇拜，因为他们认为自己做的是值得赞扬的事，并且这种事会让他们得到永恒的救赎。在一个人幼时就把宗教教条的力量灌输给他，结果就是这个人的良知被消灭了，到最后，他的一切同情心和人性也会消失。

---

① 印度暗杀团，一种由强盗和杀人犯组成的宗教组织，始自13世纪，1828—1835年间消亡。

宗教对话及其他

如果你想亲眼看到这种情形，如果你想从最近的事实看到早年被灌输宗教信仰所带来的后果，就请看看英国人吧。他们本来得天独厚，比其他国家的人都具有更多的悟性、理智、判断力和坚定的性格，可现在他们却比其他国家的人都更堕落，甚至可以说是更卑鄙。这是他们对教会的崇拜导致的，这种崇拜像固定观念，像一种偏执一样深入到他们的一切禀性中。英国人的教育操纵在教士手里，教士利用教育在最幼小的孩童心里灌输一切宗教信条，这种信条会造成大脑的局部麻痹，由此人们产生了近乎愚笨的偏执态度，而这种偏执态度，使最聪慧的人都堕落了。

但是，如果我们想一想，要巧妙地实现这种情形就要在最幼弱的年龄灌输信仰，那么我们就会知道，派遣传教士到外地去不只是勉强、高傲和鲁莽的表现。不过，只有往那些仍然处在不开化状况的民族中派遣传教士，如南非蛮族荷腾托特土人、班都族黑人卡菲亚人、南大西洋土人以及其他类似的土著等等，教会才能获得预期的成功。

但在印度却不同，婆罗门教徒往往会对传教士的说教不屑地付之一笑，或仅仅是耸耸肩膀。在这里，即使有良好的传教条件，一切诱使当地人改变宗教信仰的企图也仍会遭遇彻底的失败。因为正如我说过的，播撒信仰的种子应在一个人的孩提时代而不是他的成年时代，尤其不是在信仰的种子已牢牢生根的成年时代。如果一个成年人改变他的宗教信仰，则这种后天信仰一般来说也只是他为获得某种个人利益或其他利益的而戴上的假面具。

正因为人们觉得实际情形几乎都是如此，所以一个在明辨是非以后改变宗教信仰的人往往会被大多数人轻视，而这种轻视同样也表明，他们把宗教当作早年灌输在生命中并经过种种考验的信仰，而不是把它当作合理的信念。

不但大众会盲目地永远忠实于本土的宗教，即使是研究过宗教的种种渊源、基础、教条和争论的宗教教士，也会对自己的宗教深信不疑，因此，一个教士从某一宗教转向另一宗教，是世界上最难见到的事。例如，我们知道天主教教士完全相信自己所属教会的全部教义是真实的，基督教新教教士也同样是这样认为的，两者都以同样的热情来维护自己所信仰的教义。然而这样热情的维护却完全取决于每个人自己所属的地区，对德国南部的教士来说，天主教的教条是显而易见的道理，可是对德国北部的教士来说，新教的教条才是真理。

因此，如果说信念和其他类似信念的东西是建立在某种客观基础上的话，那么这种客观基础一定是气候差异。这些信念就像鲜花一样，有的只能在这里盛开，有的则只能在那里盛开。然而现在，这些地方性的信念却被各地的人所信仰。

德谟菲利斯：这没有什么害处，也没有什么重大的差别。事实上，新教确实比较适合德国北部，天主教则比较适合德国南部。

菲勒里希斯：好像是这样。可是，我却赞同更高层次的观点，也有一个更重要的目标，那就是推动真理的进步。就此而论，如果每个人不管自己生在什么地方，在自己年幼时就被灌输了某些看法，并确切相信假如怀疑这些看法就会让自己不能被救赎的话，那是一件相当可怕的事情。

我之所以说它是可怕的事情，是因为这些看法大部分涉及我们所具有的其他一切知识的基础，如此一来，有关一切知识的某一观点一下子就固定了，而且如果这些看法本身就不真实的话，那我们所掌握的就会永远是一种刚愎自用的观点。由于它们的后果和结论超越我们的整个知识体系，因而整个人类和理智也会因它们而彻底被曲解。

一切文献都证明了这一点，中世纪的文献最明显，十六七世纪的文献也有体现。在所有这些时代中，我们看到，即使第一流的人似乎也被这些错误的前提误导过，尤其是在他们自己都不能洞察自然的真正特性和活动时。

在整个基督教时代，有神论思想像噩梦一样，施加于一切心智活动尤其是哲学活动上，并且妨碍甚至遏止了一切进步。若任何人得到思想的解放而摆脱了这些桎梏的话，他的作品便会被烧掉，有时候甚至连他自己也会被烈火焚烧，就像布鲁诺和瓦尼尼所遭遇的命运一样。

当一个人去批评一种与他信奉的学说不同的学说时，他被宗教所麻痹的思想就会完全展露出来。通常你会发现，他们最关心的事是证明其他学说的信条与自己的信条不同，由此他们就相信自己正确地证明了这些学说的错误，可他们根本没有想到要问问这两方当中到底哪一方才是正确的，因为他们觉得，自己所信的教条就是颠扑不破的真理。

德谟菲利斯：这就是你所谓的更高的观点？我可以告诉你，还有一种比此还高的观点。"先去生活，然后才进行哲学思考。"这句话初看起来并不怎样，可是经过深思以后，你会发现它具有深远的意义。我们首先要做的，是约束一般人民大众的野蛮和邪恶倾向，以此防止他们做出凶暴、残忍、可耻以及更多极端不义的事。如果你想要等着大众自己去慢慢发现和了解真理，那一定要花费极长的时间。即使我们假设真理早已被发现，大众也无法直接把握它，他们仍然需要把真理放在寓言或神话中去理解。

康德曾说过，一定有一种大众的公理和道德标准存在，而这种标准也必定常常会摇摆不定。至于它具体是什么，那是无关轻重的，只要它能正确地表达思想。对整个人类而言，以寓言方式表示真理，在任何时间任何空间都能成为真理本身的代替品，因为真理是不易直接表达的，一般人永远无法了解哲学，哲学每天都在变，到现在还没具备一种能被普遍承认的形态。因此我亲爱的菲勒里希斯，你知道，在任何情况下，实际目的总是优先于理论目的。

菲勒里希斯：你的这个观点现在得到普遍的认同，但它是有问题的，所以我现在才急于要反对。认为国家、法律和正义只能借宗教及其信条之助才能加以维持，或者认为法官和警察需要借助宗教才能维持公共秩序，这种观点即便不断被人们谈及，但是它依旧是不正确的，古人尤其是古希腊人给了我们一个有力的反证。他们根本没有我们现在所谓的宗教，没有《圣经》，也没有教给每个人需要遵从的教条。那时候的宗教祭司不会宣讲道德或指导人们做什么不做什么，他们的职务只是主持神庙仪式、祈祷、赞美神灵、献祭等等，所有这些都与个人的道德增进毫无关系。

古希腊人所谓的宗教全在于给这个或那个神造个庙，国家的官吏在庙中主持对神的礼拜，因此这种礼拜在根本上讲是一种家政事件。除了有关的官吏以外，没有一个人是必须参加这些仪式的，更不必信奉这种礼拜。在整个古代都没有发现让人必须相信什么教义

读书与书籍

的痕迹，一个人只有当他公开否认神的存在或渎神时才会遭受惩罚，因为这时他冒犯了国家，但是除此之外，任何人都可以自由决定自己的信仰。至于有关灵魂不朽和来生的等等问题，因为古人对此没有教条式的固定观念，所以也根本没有任何固定的明确的看法，他们的看法完全是摇摆的、不确定的和可疑的，甚至每个人都有自己的解释。他们对诸神的看法也是彼此不同的，各具特点，莫衷一是。

由此，严格说来，古人并没有我们现在所谓的宗教，但是，他们是否因为没有宗教而有过无政府和无法律状态呢？当然不是。他们产生过法律和公民制度，这些制度甚至到现在仍然可以作为我们自己法律和公民制度的基础；他们的财产虽然建立在大量使用奴隶之上，然而依旧是完全安全的。

希腊人的这种情形维持了一千多年，所以我无法认同宗教具有实际的目标，也无法认同宗教是一切社会秩序都不可缺少的东西。因为如果情形果真如此，那么对光明和真理的追求就是荒谬而不切实际的，同时，如果有人敢公开指责官方信仰，认为这是在破坏真理而以欺骗的方式维护统治者的宝座的话，那他就有罪了。

德谟菲利斯： 但宗教和真理并不对立，宗教本身也宣扬真理，只是宗教的传播范围不是狭窄的课堂而是整个世界和整个人类，所以它必须适应大多数民众的需要和理解能力，不能赤裸地把真理表现出来，而是要以寓言和神话方式展现真理，以便使大多数民众接受和消化。

大多数民众永远无法接受纯粹无杂质的真理，无法实实在在地把握它，正像我们无法生活在纯氧中一样。正因如此，我们只能用象征的方式向他们表达人生的深刻意义和崇高目标，并使其时时看得到这种意义和目标。而像伊拉斯①的神秘宗教一样，哲学才应该是保留给少数特殊人的。

菲勒里希斯： 我了解你所说的，真理必须包含在谎言中，但这种结合会破坏和消灭真理。当你允许一个人用谎言来传达真理时，便是在这人手中放了一件危险的武器。如果允许这种情形存在，恐怕谎言带来的害处会远大于谎言中包含的真理所带来的好处。如果寓言自己承认是寓言，我可能不会反对，但是如果它这样做了，就会丧失一切被人重视之处，从而也就会丧失了表现真理的一切效果，因此，寓言必须不断宣称它是实质意义上的真理，虽然充其量它也只是寓言意义上的真理而已。这就产生了无可补救的害处，带来了永久的不良后果，而这种不良后果就是使宗教与追求纯粹真理

---

① 伊拉斯，古希腊城市名。

的高尚努力相冲突的原因所在。

德谟菲利斯：不，人们已经在预防这种害处了。虽然宗教没有公开承认本身的寓言性质，但它也做了充分的表示。

菲勒里希斯：那么宗教是怎样表示这一点的呢？

德谟菲利斯：透过它的神秘性。"神秘"两字就是表示宗教寓言的神学专有名词。而且所有宗教都有其特有的神秘，准确地说，神秘是一种显然不合理的教条，可是这种教条本身却隐藏着崇高的真理，一种没有受过教育的无知大众无法理解的真理，而大众会通过这种隐藏着真理的伪装姿态来接受真理，并且相信它。他们并没有因教条的某些不合理性而误入歧途。于是，只要大众能够以这种方式来了解真理，宗教就会选择继续这样做。

当我说哲学中也会用到神秘两个字时，你会更理解我的意思。例如，兼为虔敬者、哲学家和数学家的帕斯卡[1]以这三重身份说："上帝到处是中心，没有一处是边缘。"马尔布兰基[2]也曾说："自由就是神秘。"我们可以进一步说，宗教中的一切东西都是神秘的，因为向那些无知大众表达实质意义的真理是绝对不可能的

---

[1] 帕斯卡（1623—1662），法国哲学家、数学家。
[2] 马尔布兰基（1638—1715），法国哲学家。

事，无知大众所能接受的只是通过寓言表达出来的真理，他们看不到赤裸裸的真理，真理要以重重伪装的姿态表现在他们眼前。

因此，如果我们要求宗教成为实质意义上的真理，那是很不合理的。神话和寓言是它基本的因素，但是在这种因大多数人的心理限制而造成的情况之中，它使人类根深蒂固的形而上需要获得充分的满足，并代替了普通的无知大众难以理解的纯粹哲学的地位。

菲勒里希斯：啊，是的，这多少有点像用义肢代替真腿。义肢代替了真腿，尽量代替真腿的功用，希望被当作真腿看待，并且巧妙地和真腿混在一起。唯一的区别是，通常义肢是在真腿之后出现的，而宗教却是先于哲学的。

德谟菲利斯：也许是这样。可是，如果你没有真腿，义肢也是非常有用的。你应该考虑到，人类形而上的需要是绝对得满足的，因为人类的思想范围是有限的，不能无限扩展。可是，通常人总是没有通过理性辨别真假的能力，而且自然及其需要加在人身上的劳动，使人没有时间做这种探讨，也没有时间接受预期的教育，所以也就不可能有基于理性的信仰产生。人们必须诉诸信仰和权威，即使有真正的哲学代替了宗教的地位，也至少会有十分之九的人类是基于权威而接受哲学的，因此这最终也还是一个信仰问题。

不过，权威只能因时间和环境而建立，而无法施加在只服从理性的东西上面，即使它只是真理的一种寓言表现方式。然而，对那些在历史过程中获取它的东西，也应赋予权威的名字。为权威所支持的这种表现方式首先求诸人类实际的形而上的倾向，求诸理论的需要。这种需要起源于我们生存的艰难和下述的认识：在世界的物质层次之后，必定隐藏着一种形而上的层次，隐藏着一种永恒而又不断变化着的基础的东西；其次，它也会求诸意志，求诸生活在痛苦和不幸中的人类的恐惧和希望，于是宗教为人类创造出了能够满足他们需要的鬼神；最后，它更求诸人类心中所表现的道德意识，使这种道德获得外在的支持和肯定。

正是从这个方面讲，宗教给我们充满痛苦的人生带来无限的安慰。因此，我们可以把宗教比作一个拉住盲人的手引导盲人走路的人，因为盲人什么也看不到，他所关心的只是他的目的地，而不是要看到一路上的所有东西。

菲勒里希斯：这最后一点的确是宗教最有力的地方。如果这样的安慰是一种欺骗，那它也是借宗教之名进行的欺骗，这是无法否认的。但是这使教士成为了介于欺骗者和道德家之间的一类人。他们不敢宣扬真正的真理，像你所解释的一样，即使他们知道什么是真正的真理，也不敢加以宣扬，何况他们还不知道。

所以世界上可能会有真实的哲学，但不可能有真实的宗教。我所谓的"真实"是指其本身具有的意义，而不仅是指你所说的那种象征或寓言意义。从某种意义上说，一切宗教都是真实的，只是真实的程度不同而已。世界上的祸福、善恶、真伪、贵贱等等之间都存在着解不开的纠缠，就连最重要、最崇高、最神圣的真理也只能掺杂在谎言中表现出来，从谎言中获得力量，通过谎言的方式预示出来，带给人们启示。

我们甚至可以把这个事实看作是道德世界的象征。可是，我们不要希望人类有一天会达到真正的成熟，能在产生哲学的同时也能接受哲学。纯粹的真理应该是非常单纯而易于了解的，可以通过其本来面目让人理解接受，而不是混合在神话和寓言（一堆谎言）之中——就是说，纯粹的真理不必以宗教的方式来伪装。

德谟菲利斯：你没有认识到大多数人的智力究竟受到了何等的限制。

菲勒里希斯：我所说的只是一种我不能放弃的希望而已。如果这种希望实现了，当然会把宗教从它长久以来占据的位置上赶下来，此时，宗教就完成了它的使命。它使它所引导的民族中的大多数人得到了解放，而它自身也会不声不响地消逝，这将是宗教的无痛苦死亡。

但是只要它存在，它就具有两方面：真实的一面和欺骗的一面。你是喜爱它还是憎恨它，就要看你到底看到哪一面。你应该把它看作一种必需的恶。它的出现是由于大多数人类的无能，他们不能了解真理，在这种迫切的情形下，宗教就成为了一种代替品。

德谟菲利斯： 要坚持这一结论，然后永远记住宗教具有两方面。如果我们不能从理论方面也就是从理智方面证明它的话，也可以从道德方面证明，它是人类这种与猴子和老虎同类却富有理性的动物的唯一能提供指导、控制和满足的工具。如果你从这个观点去看宗教，并记得宗教的目的主要是实用，理论只是次要的，那么你就会觉得它是最值得重视的。

菲勒里希斯： 但这种重视完全基于一个原则，即目的使手段神圣化。我不想基于这一理由而妥协。在驯服和训练那邪恶、愚钝的两足动物方面，宗教可能是最好的工具。但从真理的角度看，任何欺骗，不管它是多么虔敬，都只是欺骗而已。一套谎言将是带来德行的奇妙工具。我效忠的对象是真理，我将永远忠于真理，不管结果如何，我将为光明和真理而奋斗。如果我把宗教列入敌人之列……

德谟菲利斯： 你不会发现宗教已经处在你的敌人之列的。宗教并不欺骗，宗教是真实的，是所有真理中最重要的。但是像我早已说过的，由于宗教的观点非常高深，高深到一般大众无法直接把握它，由于它的光芒普通的眼睛看不见，所以它才会以寓言的方式伪装地表现出来，以此向我们宣示一些东西。这些东西本身虽然并非严格真实，但其中所含的崇高意义是真实的。如果你这样去理解的话，宗教便是真理。

菲勒里希斯： 如果它只在单纯寓言的意义上表现为真实，那是没什么好说的，可是，它却进一步主张在严格和实质意义上是真实的，这便是欺骗了，这也是信奉真理的人必定要反对的地方。

德谟菲利斯： 但是，宗教的欺骗是不可缺少的。如果宗教承认自己的观点只有寓言的意义，只在寓言意义上才是真实的，这会使它自身失去一切效果，这样一来，它对人类内心和道德方面无法估计的有利影响便也失去了。你不要因为自己理论上的吹毛求疵使大众对你产生不信任，不要去曲解那些使他们获得安慰的东西，他们很需要这些东西，而且，他们艰苦的命运使他们比我们更需要这些东西，我们不应该破坏它。

菲勒里希斯： 当马丁·路德攻击罗马教廷出售赎罪券时，你可以用那个论证把马丁·路德驳倒，但赎罪券真的有用吗？我的朋友，只有真理坚不可摧，只有真理历久不变，只有真理才能牢牢站住脚。真理带来的安慰才是唯一可靠的安慰，它是不会被磨灭的钻石。

德谟菲利斯： 你说得对，如果你能任意支配真理并能在需要时为我们所用的话。可是，你所拥有的只是形而上的体系，而这些形而上的体系除了会使人伤透脑筋，什么都决定不了。在你使人放弃某种东西以前，应该有更好的东西来替代它的位置。

菲勒里希斯： 啊，你总是说这种话！使一个人免于犯错，并不是让他失去某种东西，而是要给他某种东西。知道某个东西是假的，这本身就是一种真理。没有任何错误是无害的，隐藏错误的人迟早会遭遇不幸，所以不要欺骗任何人，对自己的无知坦白承认，让每个人为自己想出自己的信仰吧。

德谟菲利斯： 这种排他主义是完全违反人性的，它会破坏一切社会秩序。人是形而上的动物，就是说，人形而上的需要比任何其他需要都迫切。人可以根据生命的形而上的意义来看生命，并且希望通过这一点来看一切东西。因此从所有教条都不确实这一点看来，不管听起来多么奇怪，然而种种基本形而上观点的共同一致对人类而言都是最重要的事情，因为只有在一致同意这种形而上观点的人们之间，才能建立真正而长久的社会结合。

社会组织、国家只有建立于某一得到普遍承认的形而上的体系之上时才是稳固的，而这种体系自然只能是民间形而上学，即宗教。它与国家法律及人们生活中的所有社会表现联系在一起，正如与个人生活中的所有庄严行动联系在一起一样。如果宗教不曾重视政府当局和统治者的尊严的话，社会组织就很难存在。

菲勒里希斯： 啊，是的，当君王们再也没有别的东西可用时，便把上帝当作妖魔鬼怪来哄骗自己的孩子上床睡觉，这就是他们把上帝的地位看得如此高的缘故，真是妙极了！但是我要劝告所有统治者，他们最好每隔半年就选一个日子，坐下来好好读一读《撒姆耳前书》第15章，以便记住用神坛支持王座是什么意思。而且现在，作为维护神学的最后手段火刑柱也已经没有用了。

宗教好像萤火虫一样，需要黑暗来显出它的光亮。民众普遍的无知，是一切宗教存在的条件，是使宗教能够保存下去的唯一因素。也许我们常常预期的一天终会到来，那时候，宗教会离欧洲人而去，就像孩子长大了护士保姆会离去一样，此后，这个孩子就要归老师来教导了。

信仰基于权威，而宗教所讲的奇迹和启示无疑又只适用于人类的孩提时代。我们必须承认，物质和历史提供的种种资料都表明，现在人类种族的年龄也不过比一个花甲之人老百倍，可以说，人类仍然处于最初的孩提时代。

德谟菲利斯： 你不必怀着掩不住的愉快心情来预言基督教的末日，要是你能想一想基督教对欧洲人的贡献有多大就好了。欧洲人从基督教那里得到一种前所未有的景况，这种景况是从关于根本真理方面的知识而来的，这种知识告诉我们，生命本身不是目的，我们存在的真正目的在生命之外。

由于希腊人和罗马人把人存在的真正目的完全放在现实生活中，所以从这方面来说，他们可以被称为"盲目的异教徒"。他们所有的德行都可以归结为对社会做有质量的贡献，亚里士多德就曾明确地说："那些对别人有用的德行，必然是伟大的德行。"而基督教使欧洲人跳出了这种短暂而不稳定的存在。过去，希腊人和罗马人忘记了人生严肃、真正而深刻的意义，他们像长大的孩子一样，毫无意识地活着，直到基督教的到来才使他们恢复了生活的热情。

菲勒里希斯：要想评断它如何"成功"，我们只需把古代和中世纪比较一下就可以了，也就是说，只要把伯里克利①时代和14世纪比较一下就可以了。你根本想象不到自己在讨论的是同一种族。

在伯里克利时代，人性中最美好的一面被发挥出来，最好的国家组织、明智的法律、公正的司法行政、合理化的自由，一切艺术以及诗歌和哲学都达到巅峰状态，那时创造的作品在数千年之后仍

---

① 伯里克利（约前495—前429），古雅典伟大的政治家、大将军及演说家，在他领导之下古雅典文化达到了巅峰状态。

然是无与伦比的典范，它们就好像是被我们永远无法赶上的更高一等的生物创作出来的一样。同时，与我们在色诺芬①的《飨宴》②篇中看到的一样，最崇高的社会情谊把人生都美化了。

现在再看看基督教会束缚人心和胁迫人们身体的时代吧。在这个时代里，骑士和教士可以把所有沉闷辛苦的工作压在第三阶级的平民的肩上。封建制度与狂热的宗教密切结合，带来可怕的无知和心灵的愚昧，于是产生了偏执的关于信仰的争论、宗教战争、十字军、对异教徒的迫害和审判等等。在这期间，社会风气倾向于残忍而愚蠢的骑士精神，怪诞的言谈和骗人的谎言变成了一套有系统的东西，社会上充满了堕落的迷信，对女人却要表现出装模作样的尊重。

毫无疑问，和中世纪比起来，古代人更加宽容，他们也很重视公理正义，常常为国家而牺牲自己，表现出种种高尚行为和真正的人道精神。对今天的人们来说，认识他们的思想和行动就是人文学科的研究。他们容许男色，这固然是应该被指责的，也是今人对古人道德方面所做的主要指责，可这与基督教许多令人憎恶的事实比

---

① 色诺芬（约前430—约前354），古希腊历史学家、作家。
② 《飨宴》是一篇以苏格拉底为主的对话。

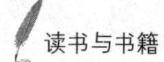
读书与书籍

起来，实在是微不足道的小事。我曾经说过，这种事情在今天不太明显，但是，当你考虑过所有这种现象以后，还能认为基督教促成了人类道德上的进步吗？

德谟菲利斯：如果实际结果并没有完全与基督教教义的纯粹真理相符合，那可能是由于教义太过崇高太过高深，且目标摆得太高，以至于人类无法接受。当然，异教徒的道德，如伊斯兰教的道德就容易被遵守。越是高尚的东西往往越容易被滥用，因此这些崇高的教义有时也会被当作最残忍的行动和邪恶行为的借口。

菲勒里希斯：对宗教的利弊做一个合理公平且正确的评断，的确是非常有用的探讨。但这个工作需要更多的历史和心理方面的资料，我们现有的这些还远远不够用。学术机构可以把这个当作悬奖论文的题目。

德谟菲利斯：他们不会这样做的。

菲勒里希斯：奇怪，你竟然这样说，这会让宗教变得前景堪忧。只要统计学家告诉我们每年有多少犯罪是由于宗教原因而避免的，又有多少犯罪是由于其他原因而避免的，那么我们就可以知道宗教是否有作用了。

当一个人想作奸犯科时，他所考虑的第一件事是因犯罪而带来的惩罚以及获得惩罚的可能性，第二件事是考虑名誉的损失。如果我的看法没错，他会对这两点先做考虑，然后才会考虑到宗教问题。不过，如果他能克服前两个犯罪障碍，我相信，仅凭宗教是很难吓阻他的。

德谟菲利斯：但是，我相信宗教会时常吓阻犯罪，一个人会直接由于宗教的原因而不敢做出任何罪恶行为，尤其是当宗教的影响力早已渗透到我们的日常习惯中的时候，更是这样。

菲勒里希斯：假使政府此时突然宣布废止一切惩戒犯罪的法律，我想，你我都不敢仅在宗教的保护之下单独回家。可是，相反，如果同样宣布一切宗教都是不足信的，在法律的保障之下，我们还是会和从前一样生活，不需做任何特殊的防备。可是，我还要进一步说，各种宗教对道德常常产生不良的影响。我们可以把这种情形归结为一个概括的公式，即凡是给予上帝的东西都是取自于人，因此我们很容易以对上帝的阿谀代替对人的正当行为的赞扬。

任何宗教都会很明确地表示，信仰、寺庙仪式和各种祭祀比道德行为更符合神意，尤其是当它们与教士的报酬连在一起时，前者便渐渐被视为是后者的代替品了。杀牲、做弥撒、建教堂或在路旁立十字架等，立即成为最有功德的事情，甚至最严重的犯罪也可以通过这些行为赎清。犯罪的人服从教士权威，去苦修、忏悔、朝圣、捐助教堂寺庙及僧侣教士、建庙宇等等，这样他们就可以赎罪了。于是，教士僧侣好像变成了帮助人与可被收买的神进行交易的中间人，即使不到这种程度，可是事实上，又有哪一种宗教的信徒不把祈祷、赞美和各种奉献行为当作道德行为的部分代替品呢？

现在我们要回到主要问题上来。你提出人类有强烈的形而上的需要，这当然是对的，但是对我而言，与其说宗教满足了这种需要，不如说它是在滥用这种需要。总之，在促进道德方面，宗教的作用大部分时候是不可靠的，可是它的不良影响，尤其是它所带来的暴行却非常明显。

不过，如果我们把宗教的效用看作是王位的支撑，这个问题就会变成另一种形式。由于上帝的恩宠，神坛与王位紧紧地结合在一起，所有聪明的君主，只要他还爱他的王位和家庭，就都会在自己的子民面前将自己塑造成一个具有真正宗教信仰的人。

德谟菲利斯：好啦，在我费尽一切努力之后，仍无法改变你对宗教的态度。可是我也要告诉你，你所引证的一切东西，也不能动摇我对宗教价值的信心。

菲勒里希斯：我相信你的话，因为《赫第布拉斯》[①]中有言："一个被说服而违反自己意志的人仍然持同样的意见。"但是，我觉

[①] 《赫第布拉斯》，英国诗人布特勒（1612—1680）所作的讽刺叙事诗。

得有所安慰的是，辩论和矿泉浴一样，唯一真正的效果还在后面。

德谟菲利斯：希望这最后的效果是有利于你的观点的。

菲勒里希斯：这很有可能，对此我能引用一句西班牙谚语。

德谟菲利斯：是哪一句谚语？

菲勒里希斯：Detrás da la cruz está el Diablo.

德谟菲利斯：用英文怎么解释？

菲勒里希斯：魔鬼站在十字架之后。

德谟菲利斯：我们不要再互相讥讽了。我们要了解，像门神一样，像婆罗门教中的死神一样，像阎罗王一样，宗教都具有两面，一面是和善的，另一面是令人气馁的。我们现在有争议，只不过是因为你注意到了其中一面，而我注意到了另一面。

菲勒里希斯：你说得对，我的老朋友！

叔本华年谱

1788年

2月22日诞生于波兰的格但斯克。

1793年

普鲁士军队占领格但斯克（改称为但泽），叔本华一家举家迁往汉堡。

1797年

叔本华的父母旅行途经巴黎，让叔本华寄居于友人古列佛埃尔家中。其妹阿德莱诞生。

1799年

返回汉堡，接受正规学校教育，奠定法语语言文学的基础。

1802年

确立研究哲学的志向。

1803年

与其父约定，放弃学术研习，参加他父母长期的长途旅行。此次旅行从当年春天开始，历时近两年，足迹遍历比、法、瑞（士）、英等国。旅行期间曾滞留英国教会学校三个月。

1804年

秋天，旅行结束，回到但泽，接受基督教的坚信礼。

1805年

春季，投身商界。父亲过世。

1806年

母亲迁居魏玛。

1807年

经母亲同意，放弃商业生涯。7月赴科塔，延聘费尔士指导一般功课，并聘请私人教师补习希腊文、拉丁文，兼习德语，研究文学。秋季，因写诗嘲笑某教授，被迫离开科塔，回到魏玛。此后专心埋首书本，研究希腊拉丁数学、历史等，历时两年。

1809年

9月进格丁根大学医学院。第一年学习医学、历史、物理、植物学，第二年转入哲学院专研柏拉图、康德及亚里士多德、斯宾诺莎，并旁听天文学、生理学、法学等。

1811年

夏末转至柏林大学，除哲学外，还研究自然科学。

1813年

完成博士论文《论充足理由律的四种根源》，荣获耶拿大学哲学博士学位。11月,回魏玛与歌德订交,受歌德青睐,被邀为座上客,并受其重托研究色彩学的理论。

1814年

夏季,离开魏玛。赴德累斯顿,结识浪漫诗人梯克。确立哲学系统。

1816年

出版《论视觉与颜色》。

1818年

春季,出版《作为意志和表象的世界》。9月为搜集哲学资料赴意大利旅行,共花费时间两年。

1819年

主要著作寄赠歌德。歌德致信其妹,大赞叔本华的天才和文章的风格。

1820年

3月赴柏林任教。

1821年

8月,与女房客发生诉讼案。

1822年

5月离开柏林,重游意大利。

1823年

因病,右耳失聪。

1824年

回德累斯顿。准备翻译休谟作品,未果,只写了一篇序言。

1825年

重回柏林,为诉讼案奔走。

1826年

5月,法院判定叔本华须供养女房客一生。

1826年

7月,重回柏林大学讲课,再度失败。闭门读书,翻译西班牙作家格瑞显的著作。

1831年

霍乱袭击柏林,叔本华逃离柏林。

1832年

定居法兰克福。

1836年

用科学的研究结果推证他的核心理论,写成《论处于自然界中的意志》一书。

1839年

参加挪威皇家学会征文比赛入选,题目为:《意志自由与哲学中的必然性理论》。

1840年

报名丹麦皇家学会《道德责任的根据》论文比赛，落选。

1841年

收集两篇比赛论文，出版《伦理学的两个基本问题》。

1843年

增补"主著"，完成《作为意志和表象的世界》全部哲学系统，致信书局老板请求出版，初被拒，再以"性爱的形而上学"的名义致信老板，卒获允。

1844年

《作为意志和表象的世界》增订版发行。

1846年

与佛劳因斯特订交，彼此或面谈或通信，交往频繁。

1850年

完成《论文集》，致信佛劳因斯特，要求其设法找寻出版商。

1851年

出版《论文集》。

1854年

瓦格纳题献给叔本华一部歌剧《尼伯龙根的指环》，并称赞他的音乐哲学。

读书与书籍

1855年

声誉大著,在法兰克福举办"叔本华油画像展览会"。

1856年

身体仍健壮,但左耳听力渐差。

1860年

9月21日猝然逝世。